はじめに

本書は、ＤＶＤ『直売所名人が教える　野菜づくりのコツと裏ワザ』全４巻の内容を単行本化したものです。第１巻と第２巻は２０１３年に発売され、大きな反響を呼びました。その中に収録されていた「サトイモの逆さ植え」や「ジャガイモの超浅植え」、「ネギの穴底植え」などがたくさんの農家や家庭菜園家に取り入れられ、まさに一世を風靡したのです。それを受けて農文協では、２０１８年春にその続編ＤＶＤとして第３巻、第４巻を発売。ここには、「ジャガ芽挿し」や「サト芽挿し」といった、またしても画期的な野菜づくりを収録しています。本書ではそんな農家の裏ワザの数々を写真中心に一挙収録しました。

　この本を編集していて感じたのは、農家はひょんなことから画期的な栽培法を思いつく名人なのだなということでした。とくに今回多くの農家が取り入れていたのが、摘心や切り戻しによるわき芽（側枝）の利用です。「放っておくと（終わってしまうのは）もったいないから……」と、主枝を摘心したり、切り戻したりして、わき芽（側枝）を出させて再び収穫を続けるのです。わき芽や側枝は葉のあるところならどこでも出る可能性があるので、うまく利用すれば、びっくりするほどたくさんの野菜がとれるということのようです。そもそも野菜にはそんな能力が秘められているのですね。その力を引き出せるかどうかは、人間のほうの手入れにかかっているといえます。まずは、気になったページの裏ワザからさっそく試してみてはいかがでしょうか。

　本書がみなさんの野菜づくりにお役に立てたら幸いです。そしてこのような野菜づくりを公開していただいた農家のみなさんに改めてお礼を申し上げます。ありがとうございました。

２０１８年２月

一般社団法人　農山漁村文化協会編集局

目次

第1章 長くとる・早どり・遅どり

とにかくたくさんとりたい!

普通の人がとれないときにとりたい!

第2章 1株増収

1株でたくさんとりたい!

第3章 土寄せいらず

安上がりに野菜づくりがしたい！

ラクしてちゃんととりたい！

第4章 挿し芽・わき芽挿し

ジャガイモ　超浅植え　福井県福井市・三上貞子さん　68

サトイモ　逆さ植え　長野県須坂市・大島 寛さん　74

◆ジャガイモ・サトイモの芽　78

ジャガイモ　ジャガ芽挿し　岡山県赤磐市・坂本堅志さん　80

サトイモ　サト芽挿し　岡山県赤磐市・坂本堅志さん　86

◆挿し木で増やしちゃいけない植物　90

少ない面積でたくさんとりたい！

第5章 密植する

ダイコン　1穴2本植え　神奈川県相模原市・長田 操さん　92

ブロッコリー　1穴2本植え　三重県松阪市・青木恒男さん　96

ハクサイ・キャベツ　ミニ品種の密植　三重県松阪市・青木恒男さん　100

ズッキーニ　立体栽培　群馬県東吾妻町・小宮拓也さん　106

◆ハクサイやキャベツの結球　110

収穫を長く楽しみたい！

第6章 葉かき・わき芽収穫

ハクサイ　わき芽どり　富山県黒部市・池村やす子さん　112

キャベツ　わき芽どり　青森県弘前市・成田元春さん　116

パクチー　自家採種&葉かき収穫　新潟県上越市・山岸マサ子さん　120

サラダセット　密植&葉かき収穫　秋田県大潟村・古谷せつさん　124

＊本書における施肥量は、基本的に1aで示した。
自分の畑に合わせた換算は以下のとおり。
1a＝100m^2　10a＝1000m^2
1a当たり10kg（10000g）の場合、1m^2当たりは100で割って100gとなる。
10a当たりは10を掛けて100kgということになる。

さくいん

まく時期・植える時期から

＊露地の場合を対象に掲載しています。ハウスの場合のまく時期などは、それぞれの記事の栽培カレンダーをご覧ください。

とれる時期から

第1章
長くとる・早どり・遅どり

●とにかくたくさんとりたい！

●普通の人がとれないときにとりたい！

トマト

ヒョロ苗寝かせ植え&3本仕立て

三重県松阪市・青木恒男さん

寝かせて植えたあと3本仕立てにした中玉トマト

梅雨が明けても弱らない、
真夏の暑さにも負けないよ
（中玉トマト）

暑～い夏、真っ赤に完熟したトマトにかぶりつくのは、野菜づくりの醍醐味のひとつ。できるだけ長く楽しみたいのだが、梅雨が明けて暑さが厳しくなった途端に樹が弱り、枯れてしまうことが多い。

トマトをはじめ、さまざまな野菜をつくって直売所で売る青木恒男さんは、梅雨明け以降もずっとトマトをとり続ける。ほかの農家の出荷が減る分、確実に売り切れるこの時期こそがねらいめなんだとか。そして霜が降るのが遅い年は、なんと12月までとり続けることもあるという。

長くとるための青木さんのトマト栽培は、常識はずれの裏ワザだらけ。ヒョロ長い老化苗を使い、まったく耕していない不耕起畑にベッタリ寝かせて植える。

やっと主枝が立ち上がってきてからも、普通は全部摘んでしまうわき芽を一部残し、中玉なら3本仕立てにして肥料分が主枝1本に集中しないようにする。そのようにして最初は控えめに育てることが、長くとるための秘訣なのだ。

裏ワザ ①

ヒョロ苗で控えめスタート

●発想の着眼点

トマトは、若くて茎の太いガッシリ苗を使うと、最初は元気に育つものの、梅雨明けと同時にバテて枯れてしまうんですね。世間でいうところの失敗苗のようなヒョロヒョロ伸びた苗を植えたほうが、最初は控えめに育って梅雨明けもバテずに育つんです。これは大玉だろうが、ミニだろうが同じですね。

裏ワザ ②

不耕起畑に寝かせ植えで根をたくましく

最初は控えめに育てるのが、大玉でもミニでもトマトを長くとり続ける秘訣。だから畑も、フカフカに耕してすんなり根を伸ばしていけるところより、あえて耕さない不耕起畑のほうがいい。

しかも肥料は入れず、苗は寝かせて植える。トマトは、まず立ち上がろうと土に接した茎からも根を伸ばし、肥料を求めて硬い土の中にも必死に根を張ろうとする。その結果、地上部は最初控えめに育ち、地下部には後半の生育を支える根がたくましく育っていく。

トマトの特性

（提供：カゴメ㈱）

先祖は荒れ地を這うように生きていた

もともとトマトは、南アメリカのアンデス高原が原産の植物。乾燥した荒れ地のような場所を這うように育っていた。だから「寝かせて植えたほうが本来の姿に近い」と青木さん。

また雨が多い日本で、とくにジメジメした水田転換畑などでは、フカフカに耕して根を深く張らせるほど根腐れしやすく病気にも弱くなるという。

裏ワザ ③

3本仕立てで一定量を長期どり

一般的なトマト農家は、どんな品種でも主枝以外のわき芽はすべて摘み、1本仕立てで育てる。茎1本だけの樹勢が強い株をたくさん植えれば、大きな実をいっせいに収穫するには都合がいいからだ。

ところが青木さんは、中玉なら株間を90cmと広くして、主枝のほかにわき芽を2本残した3本仕立てで育てる。このほうが肥料分も3本に分散されるので控えめに育つ。またそれぞれの茎に花が順々に咲くため、毎日一定量を長期間にわたってとり続けられる。

「50gまでのトマト（中玉）なら3本で大丈夫。60g以上だと2本仕立てにしないと、房の大きさ（着果数）に影響しますね」と青木さん。

植え方の違いと花のつき方

3本仕立ての場合

花がズレて咲くので、毎日一定量がとれる

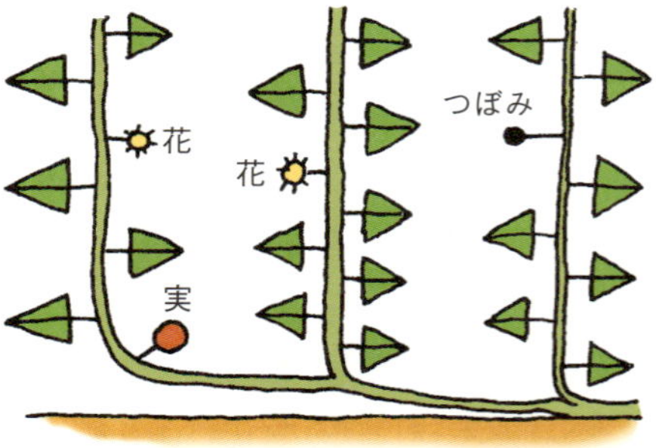

3本別に植えた場合

花がいっせいに咲く。
一度にたくさんとれるが、収穫に波がある

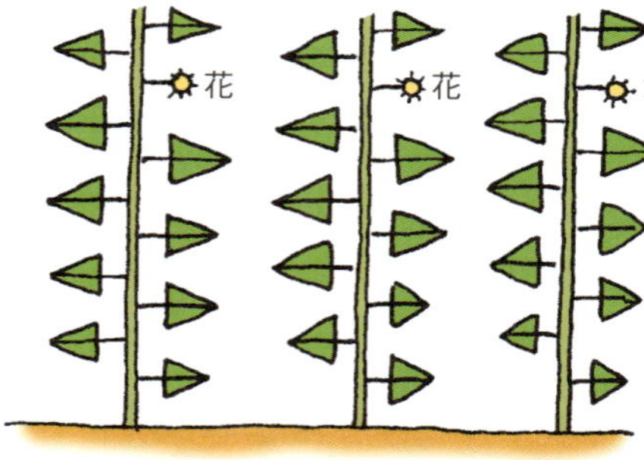

●病害虫対策

3本を切り離せば、青枯病もこわくない

トマトが株ごと枯れてしまう青枯病も、仕立てた3本がぜんぶ枯れるかというと、そうでもない。万が一、樹が弱ったような兆候が見られたら、3本の茎の間をハサミでバッサリ切り離してしまうのだ。茎はそれぞれ土に接した部分から根を出しているため、独立した株として生きていける。切り離してしまえば、3本丸ごと枯れてしまうことはなくなる。

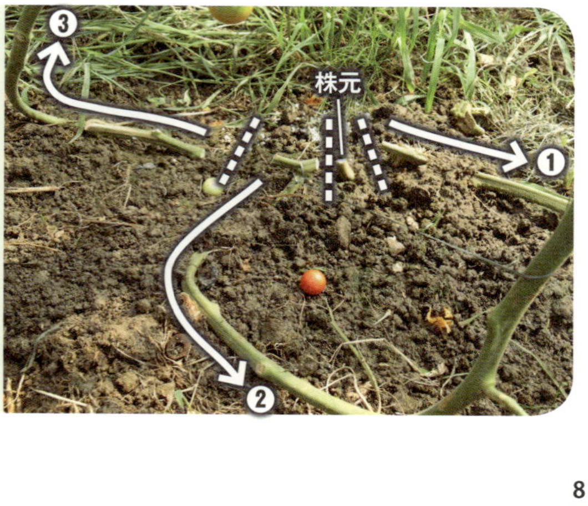

裏ワザ 4

わき芽苗で遅植えする

長期どりの極めつけの裏ワザが、このわき芽苗。摘んだわき芽をプランターに挿し、水をやっておくだけで根っこが伸びて上の写真のような苗ができる。これをとなりに植えれば遅植えとなるので、梅雨明け以降も元気な株で長くとれる。

トマトの特性

茎からもよく根が出る

青木さんに言わせれば、「トマトは根を出したがっている植物」。原産地では地面を這って育っていたくらいなので、茎は、土に近づくやいなやすぐに根を伸ばしてくる。だからわき芽を挿すだけでも簡単に茎から根が出て苗ができるのだ。

●栽培カレンダーと品種

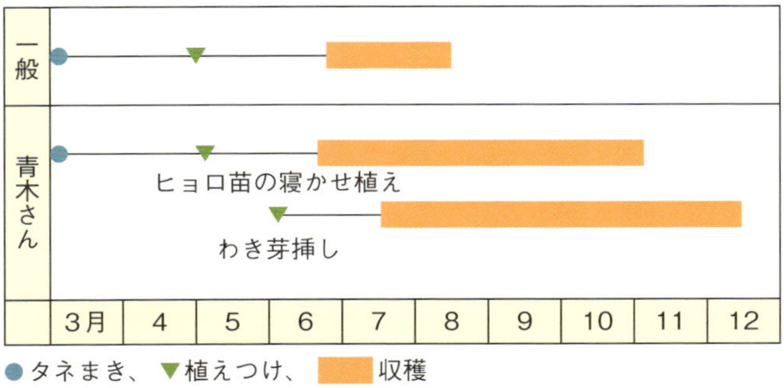

3月上旬にタネまきして育てた苗を5月上旬に植えつけし、6月下旬からとり始めるのは一般的な栽培と同じ。でもヒョロ苗の寝かせ植えと3本仕立てのおかげで霜が降りるまでとり続けられる。さらにわき芽苗を6月上旬に植えつけることで12月中旬までとれることもある。

1　畑の準備

不耕起で元肥も入れないので、畑の準備はほとんどなし。秋にコマツナを収穫したあと、そのままにしておいた場所を使う。不耕起だと雑草のタネが眠ったまま起き出さないので、新たな雑草も生えにくい

2　植えつけ

❶ 株間90cmごとに根鉢の深さ半分くらいを手で浅く掘り、ヒョロ苗を寝かせて置く

❷ 根鉢が乾かないよう軽く土をかぶせたら、葉っぱ4枚目の付け根のあたりにも土をかけ、完全にベッタリ寝かせた状態で植えつけ完了。植えつけ直後は水もやらない。3～4日後、生長点が立ち上がってきてから水をやれば十分

❸ 植えつけてから約2週間後。すっかり立ち上がった茎が、細く暴れずに育っている

●病害虫対策

カルシウムを効かせて予防する

トマトは、カルシウムが足りないと尻腐れをはじめとした障害や病気にかかりやすくなる。防ぐには、「どんな農薬を使うよりもカルシウムを効かせること」だと青木さん。植えつけるとき、根鉢に顆粒消石灰をひとつかみかけてやるほか、収穫が始まったらかん水に硝酸カルシウムを300～400倍で溶かしてかけてやる。

3 3本に仕立てる

植えつけてから約1カ月後。1番果のついた主枝、そのすぐ下から出たわき芽、地際のわき芽をそれぞれ誘引ヒモにからませて3本仕立てにする。それ以外のわき芽は摘み、苗にするためにとっておく。茎の間隔は約30cm。このあと、株間に油粕をドンブリ1杯ずつ追肥してジワジワ効かせる

4 わき芽苗をつくる

① 植えつけてから1カ月後、3本仕立てにするときに摘んだわき芽。これを苗にする

② 無肥料の鹿沼土を入れたプランターに斜めに挿し、たっぷり水をかけるだけ。日陰に置いて1週間もすれば苗になる

③ 斜めに挿して植えつける。普通の苗ほど根鉢が発達しておらず、暑い時期でもあるので植えつけ後にはたっぷり水をかけてやる

トウモロコシ

とんがり下まき＆穴底植え

三重県松阪市・青木恒男さん

害虫の少ない時期に
早どりするから、
無農薬でいけるよ

※5月からとるには、ハウスの中で
育てる必要があります

もぎたてであればあるほど甘くておいしいトウモロコシ。ぜひとも自分でつくりたい野菜だが、虫がつきやすくて難しい……と思っている方も多いのでは？

「まったく無農薬でもつくれますよ」というのは、直売所名人の青木恒男さん。しかも、初夏というにも早い5〜6月からとる。

もちろん直売所では一番乗りだからよく売れる。でも理由はそれだけじゃない。早どりトウモロコシは、害虫の少ない時期に育つので、無農薬でも問題なくつくれるというのだ。

ただし5〜6月にとるには、まだ寒さの厳しい2月からタネをまき、3月中には苗を植えなければならない。だからこそ青木さんは発芽を揃え、植えつけたあとも苗が順調に育つよう、数々の裏ワザを編み出した。

早どりトウモロコシは収穫後の残渣をすき込めば、秋野菜の土づくりにも役立つという。「売れる、つくりやすい、肥料としても利用できる、三拍子揃ったおいしい作物」と、青木さんはベタ惚れだ。

裏ワザ① とんがり下まきで100%発芽

トウモロコシのタネは、必ずとんがりを下向きにして培土に挿し込んでまく。寒さの厳しい2～3月にまいても、これならほぼ100%発芽する

トウモロコシ種子の断面

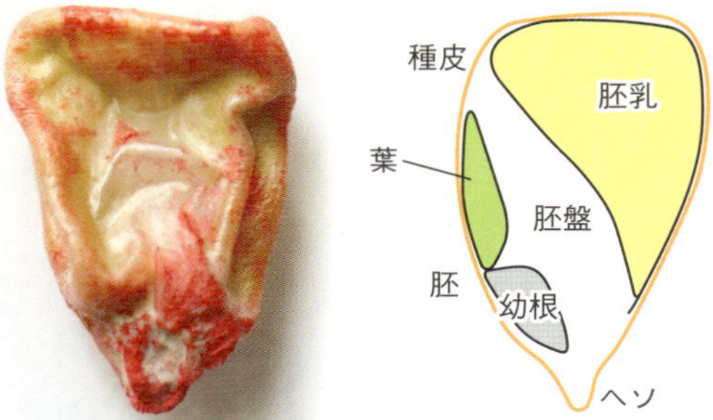

発芽したトウモロコシ。とんがりの下向きに根が、上向きに葉がまっすぐ出た

●発想の着眼点

トウモロコシのタネを切ってみると、とんがりの下に向かって根になる部分、上に向かって葉になる部分が用意されているのがわかります。その向きに挿せば、根も葉もすんなり出てこられるんです。

試しに同じ日にバラまきしたトレイと3週間後の生育を比べてみた。とんがり下まきしたほうはほぼ100%発芽して大きく育ったが、バラまきしたほうは発芽がまばらで生育も遅い

苗を1本抜いて根っこを洗い出してみた。とんがり下まきのほうは、根も芽もまっすぐすくすくと伸びている

裏ワザ ②
穴底植えで地温を活かす

苗の植えつけは、深さ約 10cm の穴底にそっと置くだけ。地表面より少し下に植わることで地温に守られ、3 月の無加温ハウスでも凍害を受けにくくなる。またトウモロコシ苗は、茎のように見える部分もじつは葉っぱ。押さえつけると傷つきやすいため、置くだけのほうが順調に育つ。

この日の気温は15℃だったが、地下10cmを測ってみると19℃。穴底は常に20℃前後で安定しているので育ちがいい

裏ワザ ③
足あと追肥でムダなく効かせる

マルチの真ん中につけた足あとに、かん水すると水がたまり、尿素を投げ入れて 10 分もすれば溶けて液肥になる。

液肥はトウモロコシの根が伸びる地下へと一気に染み込み、すぐにムダなく効く。本葉が5 ～ 10 枚出る頃の生育転換期をねらってしっかり効かせてやることが大きな実をとるコツだ（次ページ）

トウモロコシの特性

生育転換期を見逃すな

トウモロコシが肥料をほしがるのは5～10葉期の頃。トウモロコシは、田んぼのイネと同じイネ科作物で、栄養生長（葉や根をつくる期間）から生殖生長（実をつくる期間）への転換期がハッキリしている。イネもそうだが、同じ日にまいた同じ品種なら、出葉枚数、出穂、収穫も数日の誤差でいっせいに揃う。だから、葉っぱの枚数を見れば生育の段階がパッとわかる。トウモロコシは、5葉期までは栄養生長期で、おもに地下でさかんに根を伸ばす。以降10葉までは葉を大きくしながら分けつを出し、体内で穂もつくり始める生殖生長への転換期。いろんなことを同時にこなさなければならず、肥料要求量も多くなるこの時期、5～10葉期の頃が追肥のタイミングだ。

トウモロコシの追肥時期と肥料要求量

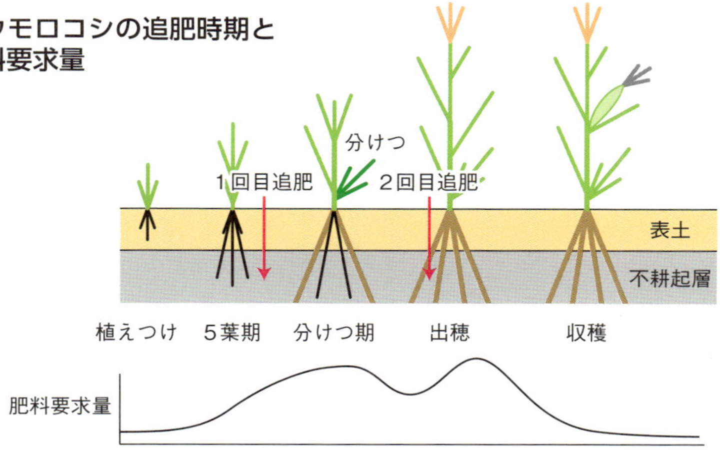

肥料要求量が高くなる2つの山の手前で追肥する

トウモロコシが肥料をほしがる時期は、5～10葉期の生育転換期と出穂開花期の2回だ。青木さんは元肥はやらず、この2つの山に合わせて追肥する

●栽培カレンダーと品種

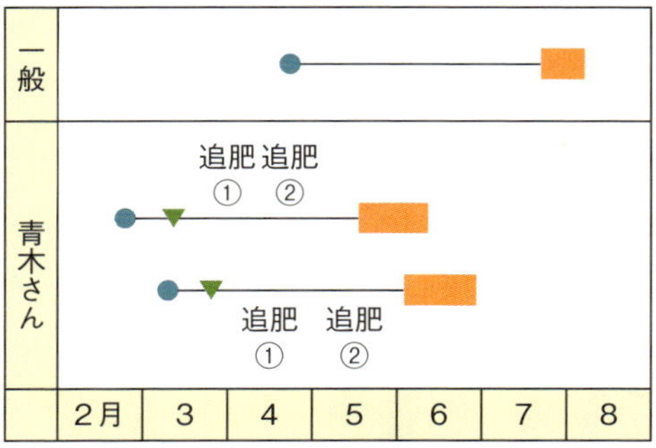

●タネまき、▼植えつけ、■収穫

無加温ハウスでの場合。品種は低温でも発芽しやすい「ゴールドラッシュ」（サカタのタネ）や「おひさまコーン」（タキイ種苗）を使う。

栽培の実際

1 タネまき

① 128穴の根巻き防止セルトレイに、通気性がよく肥料分を含まないピートモスと砂を混ぜた培土を入れる

② 仕上げに箱の上でトレイをトントンして土を落ち着かせ、沈んだところには土を足して均す

③ たっぷり水をまいたら準備完了

④ とんがりを下向きにして培土に挿し込む

⑤ 酸欠と過湿を防ぐために覆土はしない。日差しで表面が乾燥するようなら、濡れ新聞かイネの苗箱で覆ってやる

2 畑の準備

① 条間45cm、2条植えの植え穴に当たる部分をバーナーであぶり、雑草のタネを焼いて退治

② ウネの真ん中を歩き、足あとをつける

③ マルチを張ってかん水すると、足あとのくぼみに水がたまる。この足あとプールがマルチ押さえになり、太陽の熱を蓄えて植えつけ後の苗を温め、追肥のときには液肥づくりに役立つ

3 植えつけ

植え穴の様子

❶ 先端を尖らせた5cm角材で植え穴に深さ約10cmの穴をあけていく

❷ セルトレイから苗を取り出し、穴底にそっと置いていく。穴底植えで地温を活かし、足あとプールで太陽熱を活かせば、肌寒い3月植えでもスクスク育つ

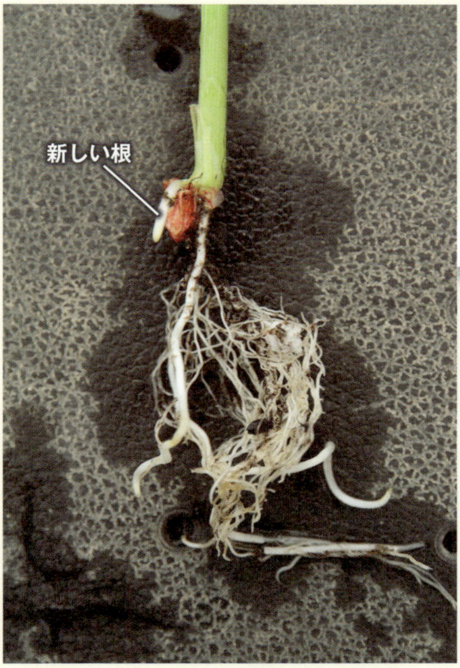

4枚目の葉っぱが出ると同時に伸びてきた新しい根。24時間で1cm伸びるので、このタイミングで植えつければひと晩で活着する

アブラムシを食べるテントウムシのサナギ

●病害虫対策

あえて雑草を残して天敵を活かす

青木さんのハウスは、端のほうは雑草がボウボウ。じつはこれ、害虫を食べてくれる天敵を温存するために、あえて残している。害虫の少ない5 〜 6月にとるトウモロコシなら、害虫対策はこの程度。あとは見つけたら手で退治するくらいで大丈夫。

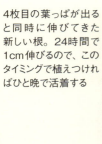

4 追肥

植えつけから約2週間後、7枚目の葉っぱもわずかに出てきたトウモロコシ。生育転換期のまっただ中で追肥の適期だ。5葉期以降は畑をよく観察し、葉色が薄く、とくに下葉が黄色くなってくるようなら早めに追肥する

①
足あとプールめがけて尿素を投げ込む。量はチッソ成分で1a当たり400g程度

②
そのまま10分もたてばほとんど溶けて液肥になる

③
足あとプールに穴をあけて回れば、液肥が地下へ浸透して追肥は完了。出穂期にやる2回目の追肥は、足あとめがけて尿素を落とし、あとからかん水して染み込ませる

5 収穫

5月下旬から収穫開始。目安は房を下からスーッと触って先端がストンと丸くなったら。全体がほっそりしているようではまだ早い

収穫後の工夫

背丈を超えるトウモロコシの残渣は、じつに1a当たり400 ～ 500kg。刈り倒してすき込めば、土づくりに役立つ大量の有機物になる。わざわざ外から堆肥を持ち込むよりも、ずっと効率よく畑に入れられる。とくに早どりのトウモロコシは、暑い時期に畑にすき込めるので分解も早く、すぐに秋野菜を植えられる畑ができあがる。

❶ 収穫後、まずは刈り払い機で刈り倒す。丈が長く硬くてロータリにからまりやすいので、2段階に刈ってやるといい

❷ 刈り倒してから1週間後、半生状態に乾燥したらすき込む。ただし耕耘は浅く5cm程度に。通気性がよく、適度に水分があって微生物の活性が高い表層にすき込んだほうが早く分解するためだ。PTOギアは1速。ロータリを高速回転させないほうがからまりにくい

❸ 半月後に2回目のすき込み

すでに分解はかなり進んでいる。トウモロコシの茎は糖分を多く含むので、じつは分解されやすい。さらに半月後には秋野菜を植えられる

ナス

ずらし植え&切り戻し

岐阜県白川町・佐藤ユキヱさん

10月下旬でも次々とれますよ。
秋ナスのはさみ揚げはいかが？

●利用の工夫

ナスの真ん中に切れ目を入れ、ピーマン、魚肉ソーセージ、ショウガ、ニンニク、パン粉、牛乳、卵を混ぜた具をはさみ、衣をつけて揚げたナスのはさみ揚げはユキヱさんの得意料理。冷凍保存すれば、いつでも手軽にメインのおかずとして食べられる

秋ナスといえば、おいしい野菜の代名詞。でも樹が弱ってくると実は太らないし硬くもなり、おいしいナスをとるのは難しくなってくる。しかし、佐藤ユキヱさんは「霜が降るまで、やわらかいナスがとれます」という。寒さが厳しい岐阜の山中でも、なんと11月中旬までナスをとり続けて直売所で売っている。

長くとる秘訣は2つ。「ずらし植え」と「切り戻し」だ。

ユキヱさんの植えつけは、一度では終わらない。まだ肌寒い4月上旬から真夏の7月中旬まで、時期をずらして次々植えていく。こうすれば、常に若くて元気な株からナスを収穫し続けられる。

かといって、早くに植えた苗をすぐ使い捨てにするわけではない。早植えした苗の収穫量が少なくなってきたら、枝をバッサリ切って若いわき芽を伸ばしてやる。こうして株そのものを若返らせるのが、切り戻しだ。

ずらし植え、切り戻しの合わせ技なら、おいしい秋ナスを長ーく楽しめそうだ。

裏ワザ 1

ずらし植えで常に若株

8月上旬、すでに収穫を始めたナス（奥）の横には、7月15日植えの小さなナス。このナスの収穫が始まるのは9月上旬。時期をずらして植えることで、常に若い株で秋までナスをとり続ける作戦だ。

●栽培カレンダーと品種

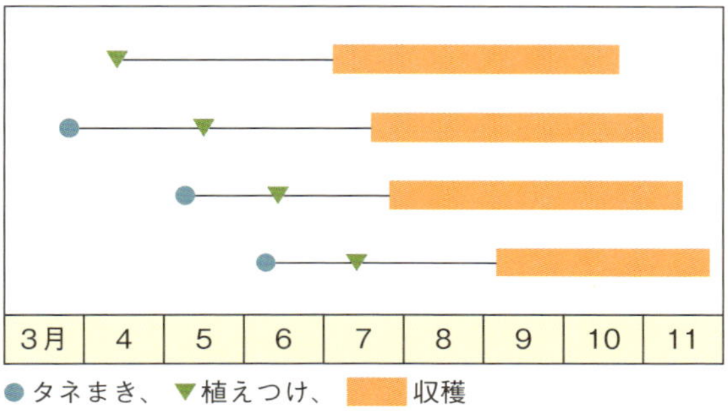

ユキヱさんは、4月上旬から7月中旬まで毎月ナスを植える。こうすれば、収穫も7月上旬から11月中旬まで切れ目なく続く。品種は「庄屋大長ナス」（タキイ種苗など）。

裏ワザ 2

切り戻しで若返らせる

10月下旬、どちらも4月に植えたナスだが、右側だけ実がたくさんついている。7月中旬から8月にかけて枝を短く切り戻し、新しく元気な枝が伸びるようにして株を若返らせたためだ。

●発想の着眼点

ナスは、枝が古くなってくると実がつきにくくなり、ついてもカチカチに硬い実になってきます。そうなる前に強い芽を残して枝を切り戻し、気温が下がる前にできるだけ新しい枝を伸ばしてやります。そうすると、秋までやわらかいナスがとれるんです。

栽培の実際

●病害虫対策
ニラ混植で土壌病害知らず

植えつけるとき、ナスの苗にくっつけてニラを植えると、萎凋病や青枯病などこわい土壌病害にかかりにくくなる。「虫もつきにくくなると思います」とユキヱさん。虫を見つけたら手でとるだけで、農薬は使っていない。

ナスの特性
水と肥料が大好き

ナスは、トマトやピーマンと同じくナス科の作物。ただし、高温多湿なインド原産だ。乾燥した荒れ地が広がるアンデス出身のトマトは、水や肥料を多くやると樹ばかり太くなって実がつきにくくなる（7ページ）のに対し、ナスは水や肥料が大好き。水や肥料が足りないと、実がつきにくくなって太りも悪く、ツヤのないボケナスになったりする。水も肥料も切らさないようにしてやるのが肝心だ。

1　植えつけ

4月上旬から毎月1 ～ 2列ずつ苗を植えていく。深さ50cmの溝を掘り、堆肥、菜種粕、化成肥料を入れた上にウネを立て、ウネ間1m、株間50cmでまだ花芽のついていない若苗を植える。定植後、株元には敷きワラをする

2　追肥

植えつけ後、20日に一度お茶用の有機肥料を追肥。ナスがとれるようになったら、収穫するたびに有機肥料と化成肥料を混ぜたものをひとつまみ株元に施す

3 切り戻し

7月中旬から8月にかけて、実のなり方が少なくなってきたら切り戻す

各枝2～3節を残して切り戻した。
1カ月もすれば再びたくさん実をつけるようになる

ナスの特性

7月中旬から8月にかけて

なるべく収穫を休みたくないユキヱさんは、これから実になる花のすぐ上を切り戻す。実が大きくなるにつれ下のわき芽も伸びてくるので、次の実がなるまでの期間を短縮できる

8月に入ってから

8月に入ってから切り戻すときは、実をつける前に枝の先端を切る。「気温が下がり始める前に少しでもいじめてやったほうが、あとで元気に育ちます」

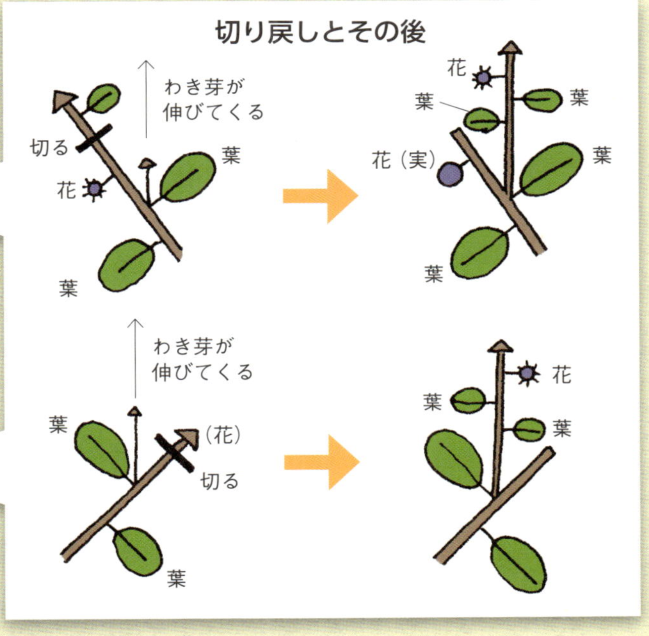

葉—葉—花の3拍子

ナスは葉—葉—花の3拍子を繰り返して伸びていく。つまり葉が2枚ついたら花ができる。そしてナスはまた、花のすぐ下の葉のわき芽がとくによく伸び、ここにも葉が2枚ついたらまた花ができる。ユキヱさんはこれを利用して、7月ならまだ樹勢が強いので実を残しつつ切り戻し、8月になったら少し樹勢が落ちるので目先の実をとらずに早めに切り戻す。

オクラ

切り戻し栽培

茨城県鉾田市・鳥羽田いつ子さん

ほら、秋になっても毎日とれるんですよ

●発想の着眼点

実が少なくなった主枝を放っておくと、側枝も伸びずにそのまま終わっちゃいます。もったいないし、片付けて別のものを植えるのも大変なので……。ナスと同じように切り戻せば、側枝に力が入るかなと思って。

真夏の太陽を浴び、グングン育つオクラ。だが、秋が近づくと実が硬くなり、やがてとれなくなってくるのが普通だ。そんな中、直売所でオクラを売る鳥羽田いつ子さんは、無加温ハウスで5月中旬から早どりしたうえ、その後なんと11月まで収穫し続ける。「半年間、毎日とります。一日も休めないです。どんどん大きくなっちゃうから」と嬉しい悲鳴をあげる。

誰よりも早くとり始めるのに、誰よりも遅くまでオクラがとれるのはどうしてなのか。じつは鳥羽田さん、7月中旬に主枝をバッサリ切り落とし、以降は側枝を使って収穫している。ナスではよくやる切り戻しを、オクラにも応用したというわけだ。

7月中旬に主枝を切り戻すと、オクラは慌てて側枝を育てようとする。その間、少し収穫のペースは落ちるものの、9月頃には側枝が大きく育ってまたどんどん収穫できる。

じつはこれ、ほかの農家の出荷が多い8月にひと休みし、出荷の減る9月以降からまた稼ぐという直売所農家ならではの抜け目ないアイデアでもある。

（撮影：依田賢吾）

裏ワザ　切り戻しで側枝を活かす

7月、実やつぼみが少なくなってきた株

切り戻し

主枝を側枝の上でバッサリ切ってしまう

10月。側枝が大きく育ち、主枝と同じように実をつけるようになり、孫枝も伸びて収穫できるようになっている

側枝の直径は約15mm。かなり太くなった

切り戻さないと……

試しに切り戻さなかった株。10月になっても主枝ばかり伸びて側枝は大きくならず、ほとんどとれなくなってしまった

側枝の直径は約7mm。切り戻した株の半分以下だ

栽培の実際

●栽培カレンダーと品種

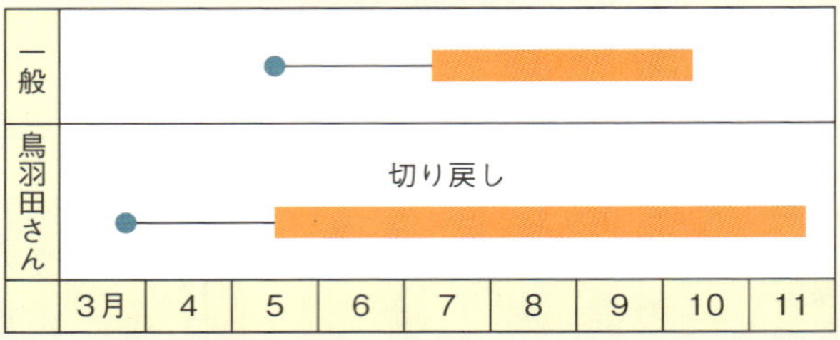

● タネまき、 ■ 収穫

鳥羽田さんは、無加温ハウスでオクラを栽培。3月後半にタネをまいて5月中旬から早どりする。7月中旬に切り戻し、11月まで毎日とり続ける。品種は五角オクラの「グリーンソード」（タキイ種苗）。側枝が出やすい。

1 タネまき

3月後半、無加温ハウスに2粒ずつ直まきする。オクラは直根性のため、直まきして根っこがまっすぐ伸びるようにしてやる。あとで側枝を立てられるよう、株間は30cmよりやや広めにする。元肥は、入れ過ぎると葉ばかり茂って実のなりが悪くなるため、バーク堆肥と油粕を少し入れる程度。5月中旬に収穫が始まったら追肥してやる

2 切り戻し

❶ 収穫が始まり、しばらくすると側枝が伸びてくる。7月中旬、主枝につく実とつぼみが少なくなってきたら切り戻す。切るのは側枝から15cmくらい上。万が一切り口から菌が入っても、側枝には感染しないように距離をとっている。節と節の間にハサミを入れると切りやすい

❷ 切り戻すタイミングは、主枝の先端を見て決める。つぼみがこれくらいたくさんあれば、これから実がつくので、まだ切り戻さなくていい

❸ 主枝の先端にほとんどつぼみがない。こうなる前に切り戻す

オクラ

3 追肥

元肥を控えた分、追肥は収穫が始まったら2週間に一度くらいやる。株間にあけた穴にNK化成（チッソとカリだけを含む）と油粕を混ぜたものを入れる

要追肥

切り込みが深くなってきたら肥料不足の信号。追肥してやったほうがいい

追肥不要

葉っぱが広く、切り込みが深くないときは肥料が足りている

4 かん水

かん水は5日に1回、マルチの下に入れたチューブでたっぷり30分間やる。オクラはアフリカ原産で比較的高温や乾燥に強いが、さすがにハウスの中では乾き過ぎるので注意する

5 収穫

実と一緒に下の葉も切り取る。株元まで光が当たり、風通しもよくなるので病害虫が出にくくなる

オクラの特性

肥料食い

オクラは肥料食い。長くとるには肥料が欠かせません。ただ最初から入れ過ぎると葉ばかり茂って実がならないので、追肥でやっていったほうがいいですね。あと水分も、少ないと実が曲がったりしやすいので、水は切らさないようにしてます。

●病害虫対策　アブラムシに注意

注意したいのはアブラムシ。小さな頃からよく出る。先端にたくさんつくと縮こまって伸びなくなるため、とても秋までとれなくなってしまう。鳥羽田さんは10日に一度くらい定期的に殺虫剤を散布している。ハマキムシ（ワタノメイガ）の被害も多いので、ハウスのサイドに防虫ネットを張って侵入を防いでいる。

わずか60日で
こんなプリップリの
秋エダマメがとれちゃうよ

エダマメ

早生の夏まき秋どり

神奈川県相模原市・長田《おさだ》 操さん

エダマメの旬は夏だけではない。秋が深まる10月にも、まだまだエダマメはとれる。秋のエダマメは寒暖差があるので、夏より糖度が高くておいしくなるのだ。

実践しているのは、数十種類の野菜をつくり、自分の個人直売所で販売している長田操さん。「9月から10月にかけては、いろんな野菜の端境期。そこでとれるこのエダマメは、うちの救世主だよ」と太鼓判をおす。

もちろん、丹波黒豆などもともと秋にとれるおいしいエダマメもあるが、たいていは晩生品種。7月頃にまいて秋に収穫しようとしても、生育日数が長い分、早霜にあたってしまうことがある。そこで長田さんが使うのは、早生品種。これを真夏の8月にまくと、暑い盛りでグングン生長し、60日くらいであっという間に収穫できる。

春先にまくエダマメは、苗を低温から守るためにビニールをかけたり電熱マットを入れたりと管理が大変だ。でも夏まきなら、発芽も育苗も露地でラクラクできる。「片手間でおいしいエダマメができちゃうよ」と長田さんは力説する。

裏ワザ 1 早生品種を夏まきする

まだ草丈が小さくて春の姿のようだが、じつは9月上旬の姿。普通は春にまく早生品種を、真夏の８月にまいたものだ。早生品種は温度が高くなると花芽をつけるので、夏にまくと秋にとれる。いっぽう晩生品種は日が短くなると花芽をつけるので、秋どりに向くが、生育日数がかかる。

●発想の着眼点

早生を暑い時期にまくと、とにかく生長が早い。あっという前に大きくなって花がつくから、すぐとれるんじゃないかと思って。それに春まきは苗が冷えないように温度管理するのが大変だけど、夏まきは露地でも簡単でしょ。

●栽培カレンダーと品種

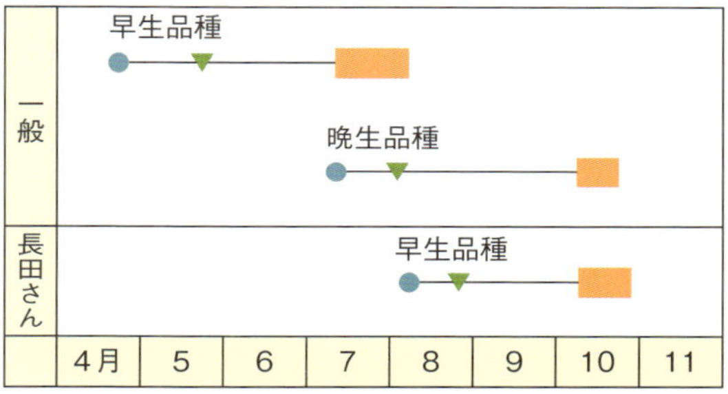

●タネまき、▼植えつけ、■収穫

長田さんは、秋どりには、「おつな姫」（サカタのタネ）など早生で食味のいい品種を使う。このほか、中早生の「さやムスメ」、極早生の「莢音」（いずれも雪印種苗）が夏まきしてもさやが大きく、実入りがよいといわれている。

背の低い若苗

茎が太く、低い位置から次々枝が出ている

徒長苗

茎が細くてヒョロ長く、枝も少ない

裏ワザ 2 徒長を防ぐへそ横まき

早生の夏まきでは、生長が早い分、徒長しやすいのが玉にキズ。徒長苗を植えると枝もヒョロヒョロ伸びてしまい、倒れやすくて収量も期待できない。「収量は苗の出来で９割決まる」と長田さん。肝心なのは、背の低い若苗を植えてやること。そのためには、発芽から揃えてやる必要がある（次ページ）。

栽培の実際

1 タネまき

① 72穴のペーパーポットに無肥料の鹿沼土を入れてたっぷりかん水し、へそ横まきで2粒ずつ置く

② 覆土はバーミキュライトか水に浸した鹿沼土をスプーンでフワッとのせる。通気性がいいほうがよく発芽する。あとは日陰に置くだけ。徒長を防ぐため発芽するまで水やりはガマンする

③ トンネルも何もかけなくても、わずか1週間で揃って発芽。これでもやや伸び過ぎた

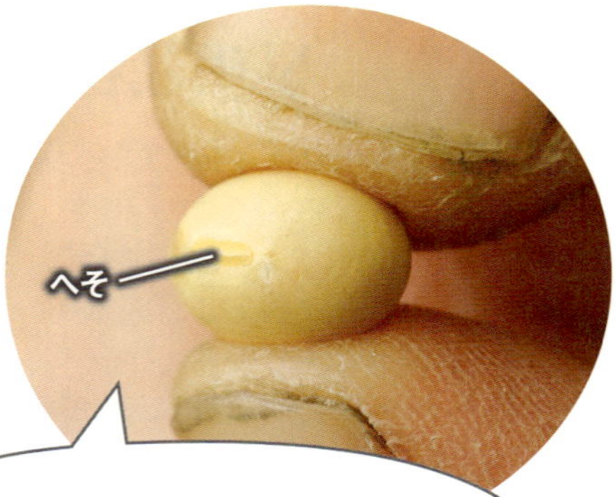

徒長を防ぐには、発芽を揃えるためにお歯黒（へそ）を横まきするといいの。そうすると、バラまきするよりスムーズに揃って発芽する。

エダマメの特性

エダマメ（ダイズ）の発芽

エダマメの発芽はこうなっている

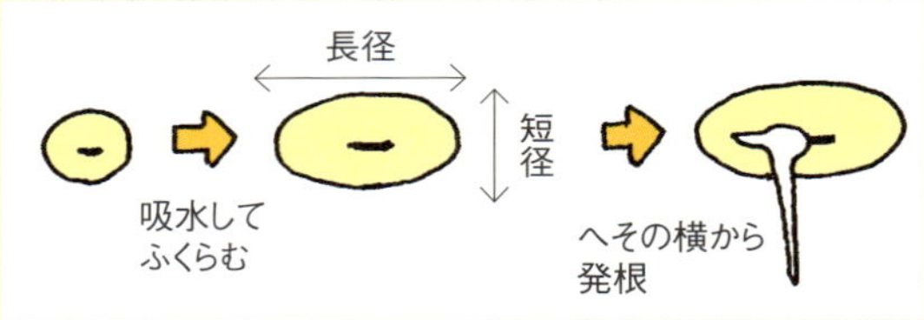

エダマメのタネは、吸水すると細長くふくらみ、やがてへその横から根が出てくる

へそ横まき

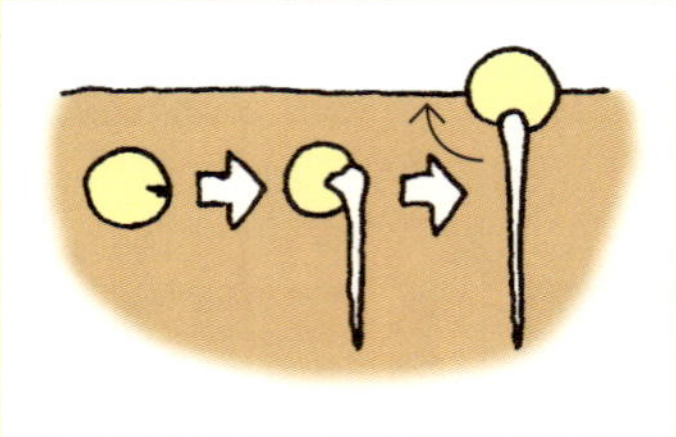

短径方向にラクに起き上がることができるのでスムーズに揃って発芽できる

へそが下だと……

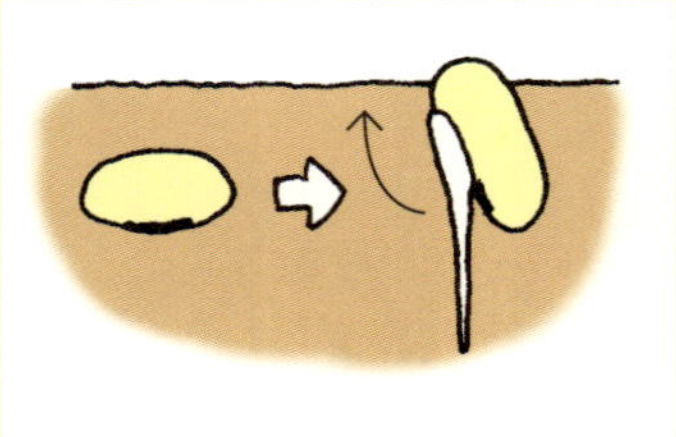

大きなタネを長径方向に持ち上げようとするので発芽が遅れがち

2 植えつけ

タネをまいたらすぐ畑を準備しておき、若苗で植える。元肥は、苦土石灰、熔リン、硫マグを20mウネに2kgずつ。早生品種を夏まきして生育日数が短くなると、同じ節数（花数）でも節間が詰まることで花が落ち、さや数が減るので、株間を狭く密植したほうが収量は上がる

3 かん水と追肥

植えたら、すぐかん水。その後、できれば花が咲く頃にもかん水し、さやがついたら追肥もすると、実入りがよくなる

4 防虫

植えつけと同時に防虫ネットもかける

●病害虫対策

防虫ネットは欠かせない

夏まきだと暑い盛りに育つので、害虫も多い。植えつけたらすぐ防虫ネットをかけて守ってやる。さらにさやがつく頃に殺虫剤で1回防除してやると安心だ。

5 収穫

タネまきから約60日、さやがプリプリになったら収穫だ。2本を束ねてさやがよく見えるようにした荷姿

●利用の工夫

オススメの食べ方は、焼きエダマメ。洗ったエダマメをこれでもかというくらいたっぷりの塩でもみ、アルミホイルを敷いた魚焼きグリルで軽く色がつくまで焼くだけ。香りと旨味が濃く、やみつきになる味だ。

スナップエンドウ

早生の9月まき冬春どり

三重県松阪市・青木恒男さん

ひと冬ずっと
毎日とれますよ

スナップエンドウは春の風物詩だが、自分でつくるととれる期間が驚くほど短いことに気づく。秋にまき、冬を越してようやくとれるようになったと思ったら、ひと月ももたずにウドンコ病で真っ白に……というのがよくあるパターンだ。

ところが直売所名人の青木恒男さんは、なんと11月から冬を越して翌年4月まで毎日とり続ける。周りの農家がまったく出せない時期だし期間もずっと長いから、「普通につくるより10倍儲かる」としたり顔。

秘密は、普通は11月にまくスナップエンドウを9月にまいてしまうこと。「秋のうちに花を咲かせてしまえば、いとも簡単に冬中とれるんですよね」。

ただし、どんな品種でもできるわけではない。春にもまける早生や極早生を選ぶ。冬の低温にそれほど当たらなくても花芽をつくれるその特性を、秋から利用する。

コツは発芽。まだ残暑が厳しい9月中にうまく発芽するように工夫する。

裏ワザ

早生品種を9月まきする

一般的には11月にまき、春の短期間で収穫するスナップエンドウを、無加温のハウスで9月上〜中旬にまく。すると11月にはとれ始め、冬を越して翌年4月までずっととり続けられる。

●発想の着眼点

スナップエンドウがとれるのは普通は5月頃。でも11月頃にも、じつは平均気温が同じくらいになるときがある。その頃に花を咲かせられれば、冬の間もとれるんじゃないかと思いついたんです。

●栽培カレンダーと品種

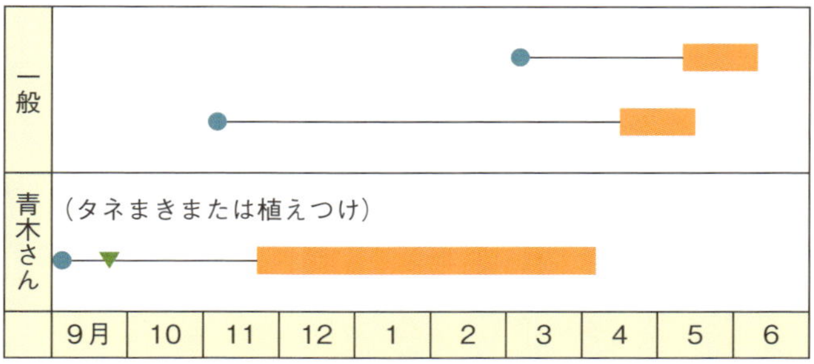

● タネまき、▼植えつけ、　収穫

11月にまく一般的なスナップエンドウは、冬の間ずっと畑を占領するわりに春の短期間しかとれない。いっぽう9月まきは、11月から翌年4月まで毎日とれ続ける。

品種は、低温にそれほど当たらなくても花芽をつくる早生の「ホルンスナック」（サカタのタネ）や「ニムラサラダスナップ」（みかど協和）がオススメ

栽培の実際

1　畑の準備

夏作のキュウリが終わったあと、ネットもそのままに放っておいたウネ。ボウボウに伸びた草を2日前に刈り倒しただけで耕しもしない。この不耕起ウネに草だけどかしてタネをまく。草を伸び放題にすることで真夏の気温がさえぎられ、地温が20℃程度に抑えられる

2　タネまき

❶ カチカチの地面に指で深さ約3cmの穴をあけて直まき

❷ 耕さず、硬い土だから地下水がさえぎられずに上がってくるので、地温を抑えつつ水分も適度に保てる。覆土したら仕上げにたっぷり水をやる

❸ 直まきで発芽しなかった場所に補植できるよう、青木さんは苗もつくる。培土（無肥料の川砂とバーク堆肥）を少なめに入れてタネをまいたら多めに覆土。なるべく深くまいたほうが低い地温で保たれる

スナップエンドウの特性

低温・少肥だと発芽がよくなる

スナップエンドウは高温だと発芽率がかなり低くなる。暑い時期にまくには、地温を抑える工夫が必要だ。また土が肥えていても発芽率が下がるので、肥料は入れないほうがいい。

❷ ウネの片側に緩効性のIB肥料、もういっぽうに消石灰と硫マグを振り、最後に除草を兼ねて土寄せする。混ぜると化学反応で根腐れを起こすので、必ず片側ずつに分けてやる

3　追肥

❶ 収穫が始まる前に追肥する。一度やれば春まで何もしないで大丈夫

●病害虫対策　煙でウドンコ病を防ぐ

冬春どりのスナップエンドウで厄介なウドンコ病は、煙で防ぐ。日没直前にたっぷりかん水したあと、300坪の無加温ハウス内で時計型の薪ストーブをひとつ焚くだけ。ハウス内には霧が充満し、モクモクとあがった煙がスナップエンドウの葉に付着した水に溶け、木酢液を散布したような酸性皮膜をつくる。煙による酸性皮膜に覆われた葉には、ウドンコ病などカビ性の病気が繁殖できなくなる。煙で曇るために保温効果もあがり、霜の害も防げる。

やわらかくて辛みの少ない
新タマネギ、葉タマネギが
冬にとれるよ

タマネギ

セット球栽培

兵庫県姫路市・大西忠男さん

サラダでも食べられる辛みの少ない新タマネギは、春の楽しみ。でも最近は、冬に出回っている新タマネギを見たことがある方も多いのでは……。

じつはこれ、ここ数年で広まってきたセット球栽培でつくったもの。苗ではなく、セット球という小さなタマネギを夏の終わりに植えると、11月下旬から新タマネギがとれる。

最近は種苗店でも「ホームたまねぎ」という名前でセット球が売っている。ただ実際やってみると、葉っぱばかり伸びてしまったり、すぐ分球して大きな球がとれなかったりして悩ましい。

もちろん、葉タマネギも分球した小さなタマネギも、食べればおいしい。でもせっかくなら、丸くて大きな新タマネギをたくさんつくりたいもの。かつて試験場でタマネギを研究し、いまは農家としてタマネギをつくっている大西忠男さんが、冬どりの新タマネギを確実につくる裏ワザを教えてくれた。

裏ワザ 極早生を使い、選別したセット球を適期に植える

●栽培カレンダーと品種

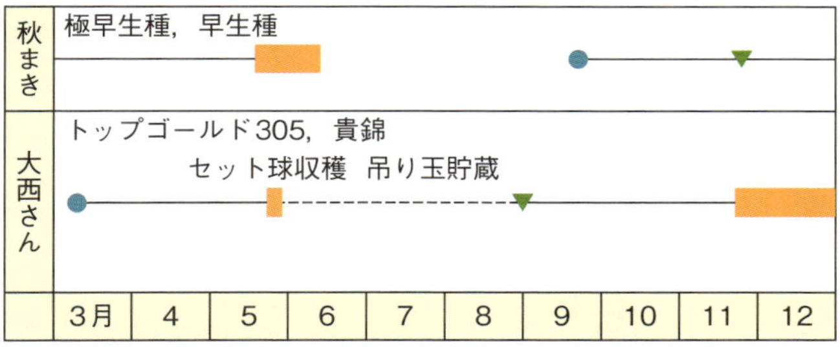

● タネまき、▼植えつけ、■ 収穫

タマネギは、一般的には秋に植えて冬越しさせ、春暖かくなるとともに肥大して収穫を迎える。セット球栽培では、3月上旬にタネまきし、セット球を5月下旬にいったん収穫。それを貯蔵しておいて、秋口に植えつけると、11月中下旬から収穫できる。

タマネギの特性

肥大には日長と温度の両方が大事

タマネギは、日長と温度の両方を感じて肥大のスイッチが入る。秋まきでは、冬を越し、日が長くなって温度が上がると春を感じて肥大を始めるが、春と似た日長と温度は秋にもある。セット球栽培はその秋に肥大させる。

●発想の着眼点

セット球栽培は、春にまいて小さく肥大したタマネギを掘り取って乾燥させ、いったん休眠させる。それをもう一度秋に植えることで、タマネギ自身に「いま春やで」って勘違いさせて太らす技術なの。ただしセット球のときの生育差はそのまま収穫のときの結球の状態や大きさの違いにあらわれるから、セット球を選別することが失敗しないコツやね。

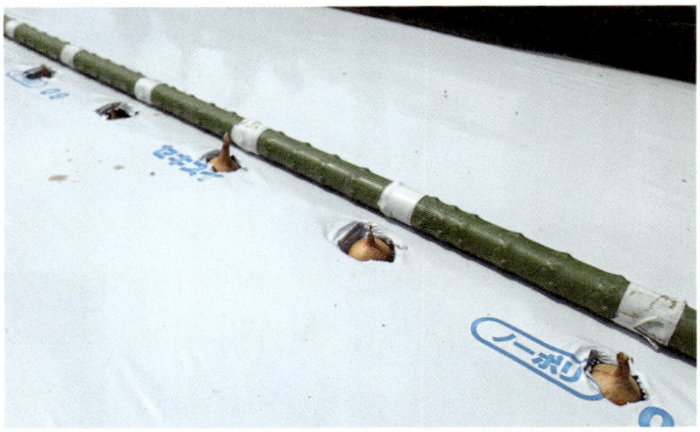

大西さんがセット球に使う品種は、「トップゴールド305」（タカヤマシード）や「貴錦」（カネコ種苗）などの極早生種。秋の短い期間にきちんと肥大させるには、低温短日でも肥大する極早生種がいい。セット球栽培用に売られている「シャルム」は、結球すれば大きな球がとれるが、青立ちしやすいと感じている

セット球の選別をしないと……

収穫前に分球して小玉になってしまったり、青立ちしてしまったりする。青立ちは首の部分が太く、球が腰高でいつまでも葉っぱが伸び続ける

セット球のコツ ① 芯がない葉っぱ2 ～ 3枚のものを選ぶ

葉っぱが４枚もあって芯があるセット球は、青立ちしやすい。葉っぱ２～３枚で、芯がないセット球は肥大がいい。

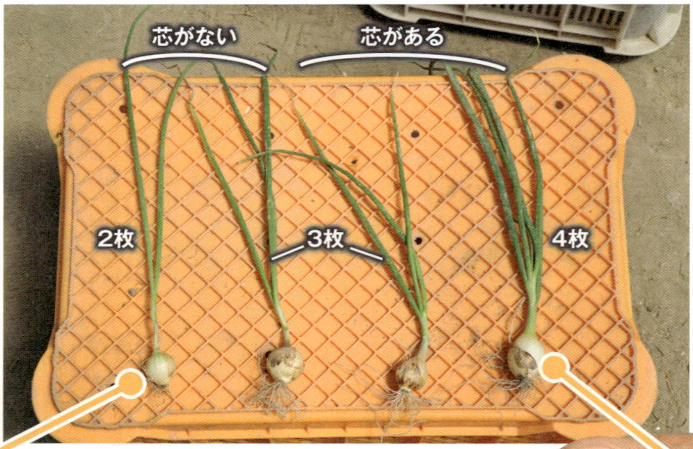

倒伏した、
芯がないセット球

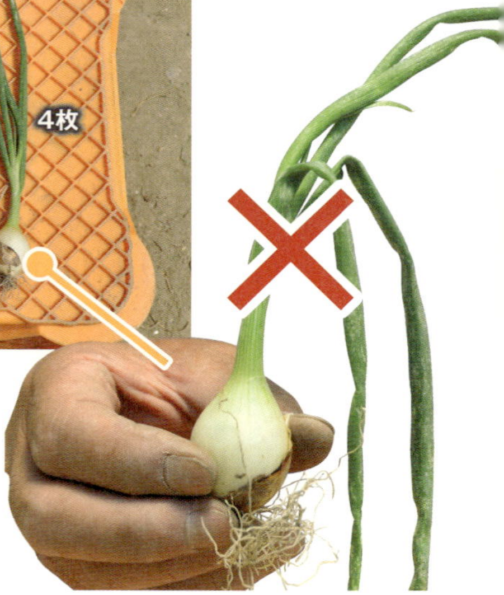

倒伏していない、
芯があるセット球

セット球のコツ ②

100円玉や10円玉大がいい

分球は、3cm 以上の大きなセット球を植えると起こりやすい。かといって小さなセット球を植えると小玉や小さな株となりやすい。セット球の大きさは、100 円玉や 10 円玉くらいの大きさ（直径 2.2 ～ 2.3cｍ）がベスト。

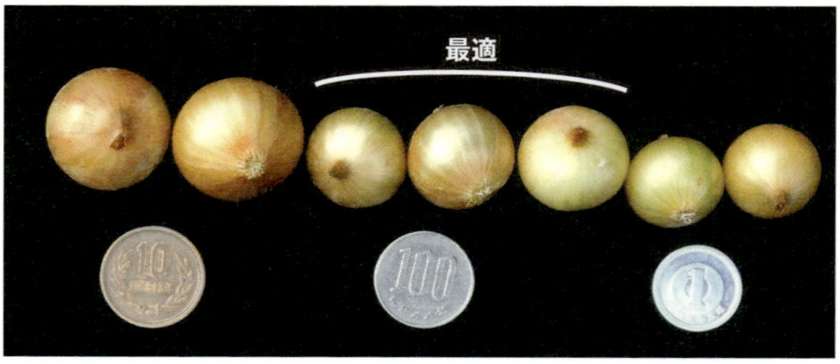

セット球の葉数と収穫時のタマネギの大きさ

セット球の葉っぱの枚数と、できたタマネギの大きさの関係を調べてみた。葉っぱ４枚以上で倒伏していない、芯があるセット球は十分肥大していない。いっぽう葉っぱ２～３枚で倒伏した、芯がないセット球は大玉の割合が多い。

球重	100g	170	160	120	125	65	50

セット球の葉数
- ２枚（芯なし）（100g～120）
- ３枚（芯なしあるいは芯あり）（170～120）
- ３枚（芯あり）（125～50）
- ４枚（芯あり）（65～50）

●利用の工夫

青立ちしたら、葉タマネギで食べればええんです。普通のネギよりやわらかくて、甘くてすき焼きなんかに最高ですわ。かきあげやヌタ、お好み焼きなんかにしてもおいしいですよ。

葉タマネギ（青立ちしたタマネギ）

とはいえ、やはり新タマネギはおいしい。不思議と春の新タマよりも辛みが少なく、水にさらさなくてもサラダでいくらでも食べられそうな爽やかさだ

タマネギ

栽培の実際

1 タネまき

❶ 育苗ハウスの苗床に$1m^2$当たり苦土石灰100g、化成肥料（10−15−10）を50 ～ 100gまいて耕し、幅100cm程度のウネを立てる。雑草対策に表面をバーナーで焼く。夏に太陽熱消毒をしておけばバーナーの必要はない

❷ タネまきは3月上旬。5 ～ 8mm間隔になるようにバラまきし、覆土して軽く鎮圧。十分にかん水する

❸ 乾燥防止と保温のために新聞紙をかぶせ、その上にポリフィルムをマルチし、温度が上がり過ぎないようにゴザをかぶせる。最低地温10℃以上になるように保てば10日くらいで発芽する。以降はハウス内が10 ～ 25℃になるよう換気。生育を見て液肥を300倍で追肥

2 セット球収穫

❶ 5月下旬、葉っぱが倒伏し始めた頃が収穫適期。収穫が遅れるとすべてが倒伏し、首のところの芯がなくなり、セット球の選別ができなくなるので注意

❷ 葉付きのまま掘り取って収穫する

3　セット球選別

葉っぱの倒伏の有無、芯があるかないか、葉っぱの枚数でセット球を選別する。貯蔵前に選別しておけば、セット球ごとに分けて植えられる。芯があるセット球をどうしても正常な結球にしたい場合は、11月に植えて春どりすればいい

4　セット球貯蔵

40 ～ 50球を荷造りヒモで束ね、品種名と葉っぱの枚数、倒伏の有無、収穫日をメモして選別。風通しがよく直射日光の当たらない場所に吊るして貯蔵する

5　植えつけ

❶ 9月初め、遅くとも9月9日の重陽の節句までに植える。時期が早くても遅くても大きな玉ができにくくなるので注意。元肥にチッソ、リン酸、カリをそれぞれ1a当たり1.6kg程度入れて幅120cmのウネを立て、白黒マルチ（地温を下げて水分や肥料が保持できる）を張って株間10cmで3条植えする

❷ マルチに竹ベラで穴をあけ、セット球が半分埋まる程度の深さに指先で押し込む。深く植え過ぎると生育不良となる。植えつけ後は根張りが浅く乾燥に弱いので、晴天が続くときはかん水する

6　収穫

11月下旬から、大きくなった球から順に収穫する。青立ちした株は3月下旬にはトウが立ってくるので、それまでに葉タマネギとして収穫する

●病害虫対策

冬に向かって栽培する作型なので、病害虫はヨトウムシ類が発生する程度。それでも防除が必要なときは、タマネギと葉タマネギの両方に登録がある農薬を使う。またカラスが植えつけ後のセット球を引き抜いたりするので、20cm程度の大きさになるまではネットで覆っておく。

ペットボトル大のゴーヤーが
10月までとれる

パイプの支柱につるをからませると、
頭の上にゴーヤーがブラブラ

ゴーヤー L字仕立て

大分県佐伯市・矢野昭生さん

ゴーヤーは熱帯アジア原産で、日本では沖縄野菜のイメージが強かった。いまや全国でつくられているが、やはり真夏にしかできない野菜と思われがちだ。

しかし矢野昭生さんのゴーヤーは、夏を過ぎてもまだまだとれ続ける。9月下旬、大型台風で畑が水没する被害にあっても、緑のカーテンならぬ、緑のドームに大きなゴーヤーがブラブラ。秋も深まる10月中旬までとれるという。

このゴーヤーの株元を見ると、つるが1mほど地面を這い、カクッとL字型に立ち上がって頭上へとのぼっている。そして茎の太いこと！ 片手ではつかみきれないほど太い株元は、つるというよりもはや樹の幹。このL字仕立てこそ、秋までバテないゴーヤーをつくる裏ワザだ。

「L字仕立てにすると、地面を這う分、根っこが広く、多く張りますな」と矢野さん。はじめから根っこが広く張る分、つるがどんどん伸びても水と養分をしっかり集められるバテないゴーヤーができるらしい。

（撮影：依田賢吾）

裏ワザ　1m這わせてL字に仕立てる

株元からまっすぐ上に仕立てるのではなく、ウネを1m這わせてからL字に仕立てる。這わせたつるの下にも根っこが張るためか、体力がつき、茎も極太になって養分をどんどん送れてバテにくい樹ができあがる。

●発想の着眼点

タネ屋さんから「植えてから、つるを1m這わせ、そのあと支柱に立たせると茎が太くなって根張りがよくなる」と聞いたのがはじまり。1m這わせてみると、根っこが多く出て茎も太くなるけん、これならいけるなーと。人間も作物も、足腰が丈夫でなければ元気が出ないでしょ。

●栽培カレンダーと品種

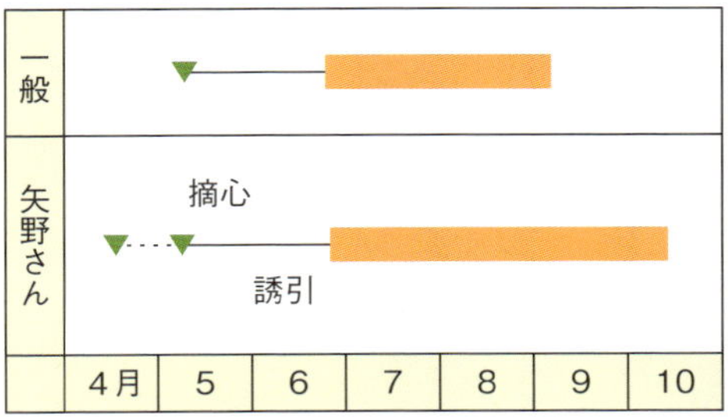

▼植えつけ、■収穫

一般的な収穫期間は7月から2カ月程度だが、L字仕立てなら10月中旬までバテずにとれる。品種は「えらぶ」（八江農芸）。

収穫期の茎はゴツゴツした樹の幹のように太く、直径はなんと4cmに迫る。太い根を地面に突き刺し、踏ん張っているのもわかる

栽培の実際

1 畑の準備

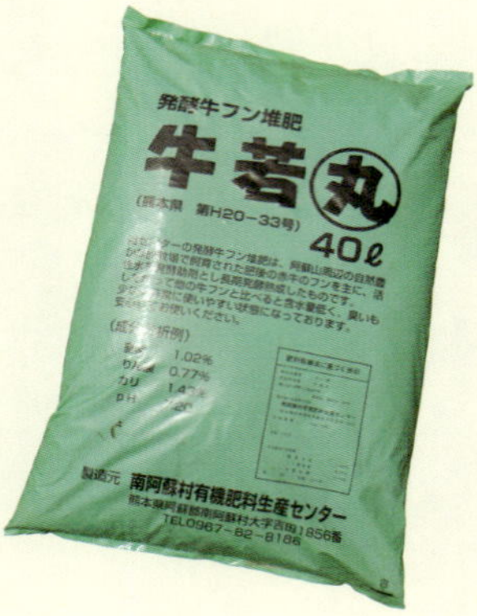

植えつけ2～3カ月前に堆肥を幅1.2m長さ8mの1ウネに20kg入れ、植えつけ1カ月前に油粕を1ウネに20kg入れてハウスのサイド際から1m内側にウネを立て、黒マルチを張って地温を上げておく

2 植えつけ

ハウスの骨組みにキュウリネットを張り、4月中旬から5月上旬に本葉2～3枚の苗を植える。苗は500倍液肥にドブ漬けし、植え穴にも500倍液肥を柄杓1杯入れる。つるが直接黒マルチに当たって焼けないよう、伸びる先にワラを敷いておく。植えつけ後は3日おきくらいに水をやる

3 摘心

親づるの本葉が8枚になったら、子づるを勢いよく伸ばすために先端を摘心する。
植えつけてから10～15日に1回（摘心時、整枝時）は株元に追肥もする。500倍液肥を柄杓1杯入れる

4 整枝

摘心したら、子づるを4本残して整枝する。この子づるに後々まで大きな実をつけていくため、長さと勢いが同じくらいのものをよく選ぶことが肝心

ゴーヤーの整枝

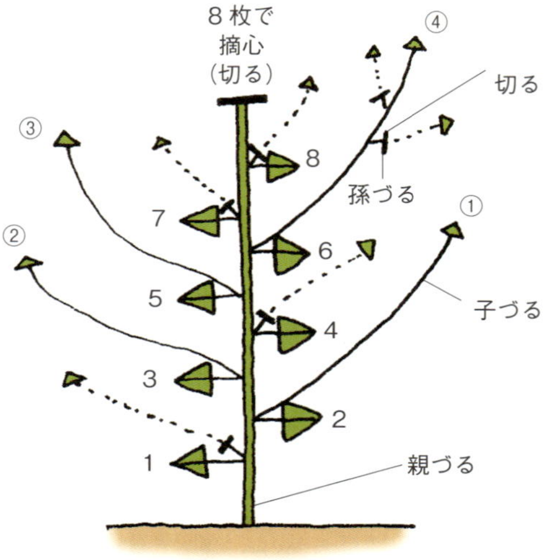

長さと勢力が同じくらいの子づるを4本残して、あとは切り落とす。子づるから伸びてきた孫づるも、すべて摘み取る

5 誘引

❶ 子づるが1m以上伸び、ハウスからはみ出してきたらキュウリネットに誘引する

❷ つるがやわらかくなる午後、ところどころ麻ヒモで8の字に結びながらネットにからませ、L字に仕立てていく。あとはゴーヤーが自分でネットをどんどんのぼり、ハウスを覆うように育つ

6 追肥・かん水

最初の収穫をしたら、自家製のボカシ肥料を小型の柄杓1杯ずつ株間にあけたマルチの穴に追肥し、かん水もする。その後も10～15日に一度は追肥して、葉色とつるの勢いが落ちないようにする

ゴーヤーの特性

水を大量にほしがる

つる性で葉っぱが多くて薄い。蒸散が多いため、水分を大量に消費する。株が大きくなるほど水分不足に注意しないとバテてしまう。

葉の色とつるの勢いを見ながら、追肥とかん水をしていくのが長くとるコツだね。

ゴーヤー

エダマメの早生・晩生

これは、28 ページの長田操さんのエダマメ。早生品種を本来の春でなく、夏にまいたものだ。こうすると本来収穫までに 90 日以上かかるところ、60 日くらいですみ、秋に甘味ののったエダマメがとれるという。

ではエダマメの早生・晩生とは、どういうことなのか。

エダマメの早生タイプは夏ダイズともいい、温度が高くなると花芽をつける。日長の影響を受けないので、春にまくと 80 日くらいで早くとれるが、夏にまくと株が小さいまだ早いうちに花芽をつけてしまい、さや数が少なくなったりする（長田さんはこの早さを利用しつつ、密植して本数を多くして全体の収量を減らさないようにするなど、工夫している）。いっぽう、晩生タイプは秋ダイズともいい、日が短くなると花芽をつける。早生に比べると生育日数が 100 日以上と長い分、節数も多く、収量もとれやすい。ただし、晩生タイプを春にまくと日が長いので花芽がつかず、株ばかり大きくなってしまうので注意が必要だ。

早どりしたいなら早生、遅どりしたいなら晩生が安心。裏ワザとして、早生の遅どりもおもしろい。

第2章

1株増収

●1株でたくさんとりたい！

エダマメ

摘心栽培

秋田県仙北市・草薙《くさなぎ》洋子さん

●発想の着眼点

早生品種に比べて体が大きくなる晩生のエダマメは、伸び過ぎて倒れると、日が当たらなくなったりして実のつきが悪くなっちゃう。ギリギリ倒れない状態でつくるのが、いちばんとれるんです。だから１本植えして風通しをよくしつつ、摘心して側枝をいっぱい出させてやれば、倒さずに収量が上げられると思って……。

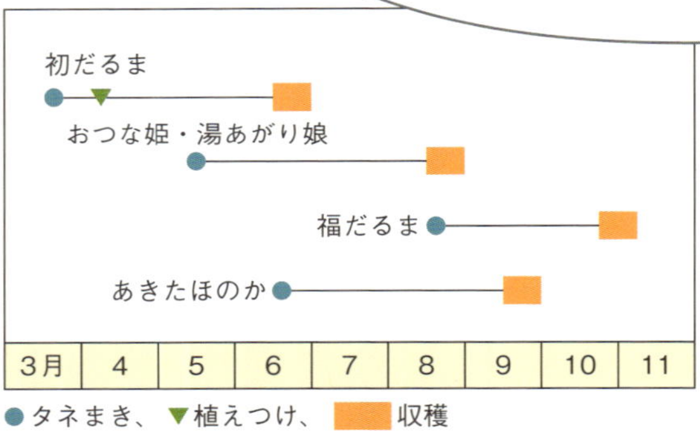

●栽培カレンダーと品種

極早生「初だるま」、極早生「福だるま」、中早生「湯あがり娘」（いずれもカネコ種苗）、早生「おつな姫」（サカタのタネ）、中晩生「あきたほのか」（秋田県育成）。摘心するのは「あきたほのか」だけ。

「ほら、摘心したほうはかなり幹が太いでしょ。実も、2倍はなってるんじゃないですか？　ふふふ」とエダマメの株を見せてくれたのは、草薙洋子さん。ほかにも数えきれないほどの花や野菜を育て、直売所で売りまくっている。花も野菜も「この子たちはね……」とわが子のように語る根っからの植物好きだ。

　なかでも人気商品のエダマメは、6月末から10月末までいろいろな品種を組み合わせてつくっている。その見立てによると、極早生品種は体が小さいうちに早くとれる分、さや数が少ないので、2本植えにして肥料も多めにやればいいのだが、晩生品種は体がある程度大きくならないととれない。極早生と同じようにつくると伸び過ぎて倒れてしまい、ぜんぜんとれなくなってしまう。

　そこで実践しているのが、摘心だ。まず1本植えして、隣と競って徒長しないようにする。そのうえで主枝を摘心して伸び過ぎないようにしつつ、側枝が太くたくましく育つようにしてやれば、植える本数が少なくても収量が上げられるという算段だ。

（撮影：依田賢吾）

裏ワザ

主枝を摘心、側枝でとる

摘心は、「先っちょをちょこちょこっと摘んで歩くだけ」。タイミングは厳密に決めているわけではないが、本葉が５～７枚出たらやる。主枝の頂芽だけ指で摘み取ってやれば、下のわき芽が伸びて太い側枝が育ってくる。

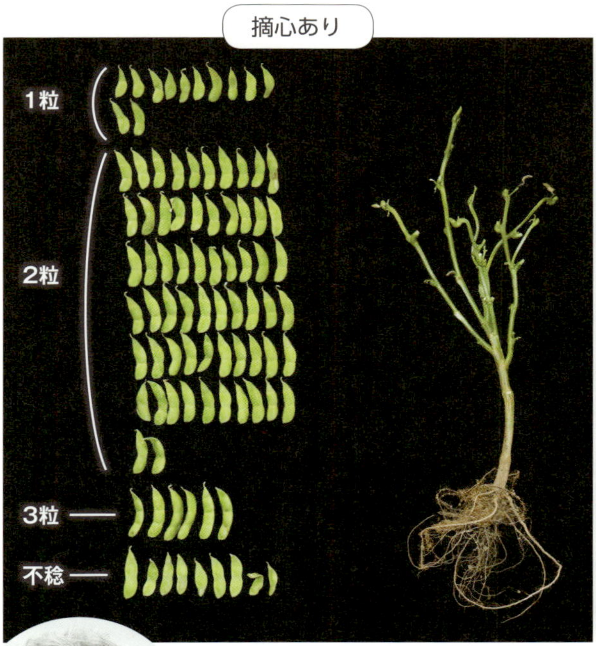

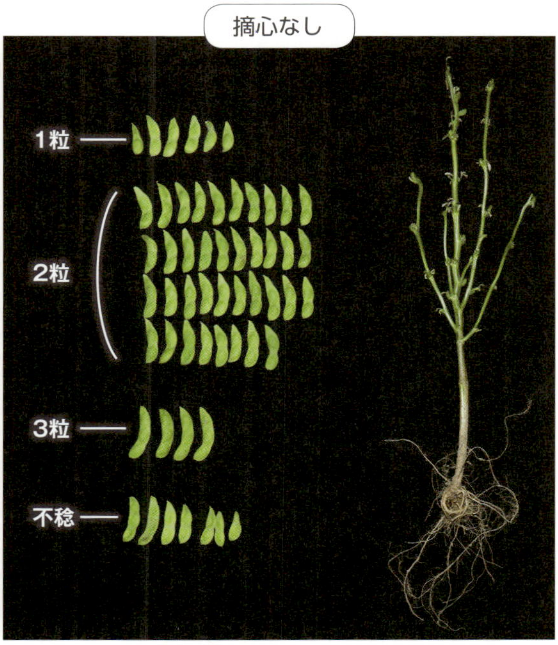

右ページの草薙さんが持っている2株のさやをとって並べてみた。たしかに摘心したほうは側枝が太くたくましい。そして摘心なしは不稔以外のさやが合計48個なのに対し、摘心ありは80個！　たしかに2倍近い収量があった

こんなに違うのね

エダマメ

ヒョロ苗の寝かせ植え

島根県浜田市・峠田《たおだ》 等さん

寝かせた茎からすだれのような根が豪快に発生

●発想の着眼点

育苗時期に転んで骨折して、しばらく動けない間に苗が伸びてしまったんよ。これじゃ植えても倒れてとれんかなーと思ったけど、だったら最初から寝かせて植えたら倒れないんじゃなかろうかと、ひらめいたんよ。

知る人ぞ知る、丹波黒のエダマメ。大粒で甘味も香りもすばらしく、極上の満足感が味わえる。ただ10月下旬にとれる晩生品種のため、育苗は6月中下旬の暑い時期。ちょっと油断するとヒョロヒョロっと伸びてしまう。ただでさえ草丈が伸びやすく、土寄せを2～3回しないと倒れるといわれる大柄な品種だけに、苗の徒長は致命的になりかねない。

ところが峠田等さんは、30cmも伸びてしまったヒョロ苗を使いこなしている。

秘訣は、寝かせ植え。ヒョロっと伸びてしまった苗を、最初から寝かせて植えてしまう。すると苗はすぐに起き上がり、埋められた長い茎からも根っこをたくさん出す。いわば植えた時点でたっぷり土寄せしたような状態で育つ。

おかげで、あとは土寄せなしでもガッチリ育って倒伏の心配なし。茎から出るたくさんの新根が実入りをよくして収量も上がる。

（＊以外すべて 撮影：依田賢吾）

裏ワザ

ヒョロ苗を寝かせ植えし、土寄せなしで増収

ヒョロ苗を寝かせて植え、双葉の次に出る初生葉の下まで土に埋めてしまう。すると翌日には先端が起き上がり、埋められた茎から新根を出し始める。あとは土寄せなしでもガッチリ育つ。*

エダマメの特性

不定根が活躍

エダマメ（ダイズ）は、もともと根が浅く張る植物。とくに背丈が伸びやすい中生から晩生の品種を倒れないように育てるには、不定根（茎から出る根）をたくさん出して根張りをよくすることが欠かせない。また不定根は、養分吸収を助けて実入りをよくする力もある。だから、エダマメ栽培では早めに土寄せし、不定根をできるだけ早く出してやることが肝心なのだ。

試しに普通植えした株からさやをとって比べてみた。寝かせ植えのほうがさや数は多く、収量も1.5倍近くあった

栽培の実際

●栽培カレンダーと品種

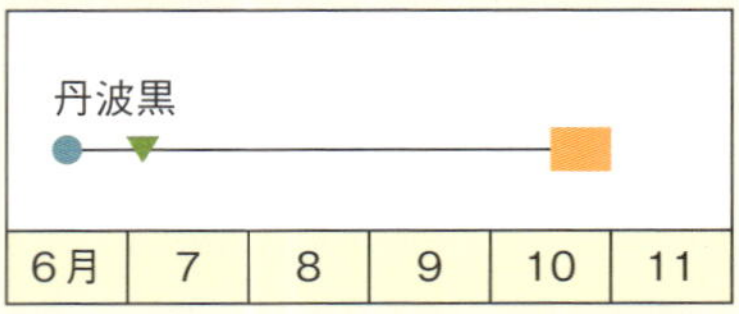

● タネまき、▼ 植えつけ、■ 収穫

丹波黒をまくのは6月中旬。あまり早くまくと、樹ばかりできて実入りが悪くなる。本来なら15日程度の育苗でガッチリ苗を育てたほうがいいが、寝かせ植えなら20 ～ 30日たったヒョロ苗でいい。7月上旬に植えつけ、土寄せなし、追肥もなしで10月下旬に収穫できる。ちなみに春まきの品種でも、ヒョロ苗になってしまったら寝かせ植えすればよくとれる。

1 タネまき

① 6月中旬、丹波黒はタネが大きいので、55穴のトレイに1粒ずつまく

② 草丈20 ～ 30cmのヒョロ苗にする。初生葉の位置もかなり高いが、心配無用。ただし本葉2 ～ 3枚のうちに植える*

ちなみに、普通のエダマメ苗は、草丈15cm程度

2 植えつけ

① 水分を多くほしがる丹波黒は、転作田に植えるのがいい。ウネは立てず、条間120cm、株間40cmで植えていく（植え方は左ページ）。元肥は1株当たりボカシ肥を半つかみやる程度。初期生育を旺盛にしすぎないよう、肥料はやり過ぎない*

3 収穫

❶ 土寄せも追肥もなしで10月下旬に収穫

❷ 根っこを掘り出してみると、土に埋めた茎からも根がたくさん出ているのがわかる

❷ 自作の竹ベラを斜めに深く差し込んで土を持ち上げ、苗を挿入する*

❸ 竹ベラを抜き、初生葉の下まで埋める*

正月飾りの門松を削って作った竹ベラ（撮影：赤松富仁）

●病害虫対策

さやがふくれ始める頃、葉もさやも食べるヨトウムシなどの害虫が出て大きな被害が出ることがある。虫の発生を確認したら、粒剤の殺虫剤を振りかけてやれば被害は防げる。

エダマメ

踏んづけ植え

岡山県赤磐《あかいわ》市・坂本堅志さん

踏んづけ植えの丹波黒エダマメ

パンパンに実ったさやで
1株1kg超え

グワッと広がった太い枝に大きなさやが鈴なりについている。横に並ぶと人が小さく見えるほど豪快な丹波黒のエダマメをつくったのは、坂本堅志さん。その収量は、1株でなんと1kgを軽々超える。

坂本さんのやり方は、あろうことか、植えつけるときに苗を足でギュッと踏んづけて歩くだけで覆土すらしない。哀れ地面にベッタリ倒れた苗は、何くそと茎からも必死に根を出して起き上がる。「つまり浅植えの深植えということですな」と謎かけのようにニヤリと笑う。根張りをよくする不定根を出すため、普通は茎を深く土に埋めるが、坂本さんはその代わりに苗を踏んで地面に押し付ける。

もともと転作作物として丹波黒を大量につくっていた坂本さん。以前は土寄せを2回しても、倒れたり枝が折れたりして減収するのが悩みだった。ところが踏んづけ植えにしてからは、土寄せ1回だけに減らしても倒れず、枝も折れない。「作業はラクになったのに、ええマメができるんです」と自信満々のガッツポーズだ。

（＊以外すべて 撮影：依田賢吾）

裏ワザ

苗を足で踏んづけるだけ

植えつけは、ポンポンと投げ置いた苗をギュッと踏んづけて歩くだけ。覆土もしない。地面に押し付けられた苗は、健気に先端から起き上がり、深植えされたように茎からも根を伸ばして育っていく。

＊

＊

側枝も、まるで踏んづけられたように横へ張り出してから立ち上がり、大きく広がった豪快な株に育つ。横広がりなので倒れにくく、枝も太くて折れにくい

試しに普通に立てて植えた株も悪くはないが、枝が上へ伸びている。少し揺らしただけで側枝が付け根から折れてしまった

●発想の着眼点

もともと転作で丹波黒をつくってたんで、植える苗は何千本。腰をかがめて植えてると、痛くてかなわんのです。あるとき、落ちて放ったらかしになってた苗がちゃんと育ってるのを見て、「これなら踏んづけるだけでも育つんやないか」と。ラクしたくて始めたら、育ちもええんでビックリしました。

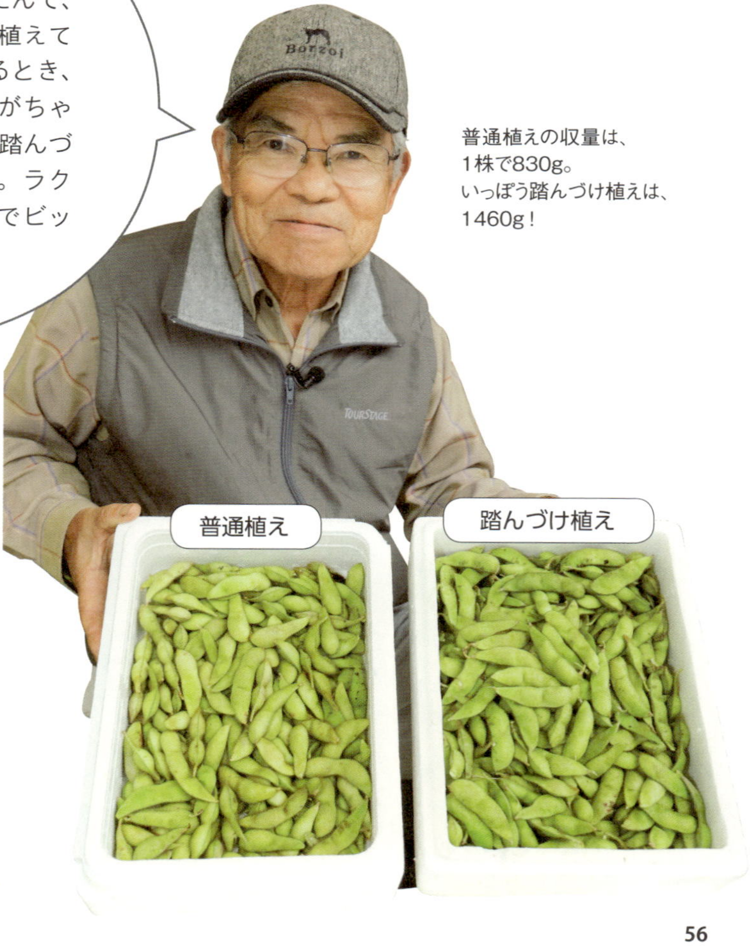

普通植えの収量は、
1株で830g。
いっぽう踏んづけ植えは、
1460g！

●栽培カレンダーと品種

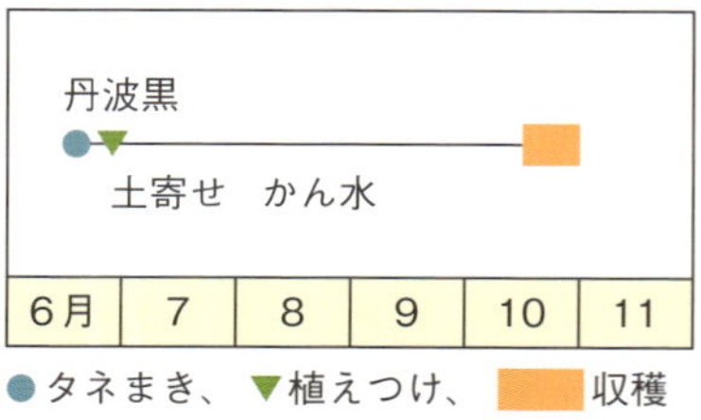

6月中旬にタネをまき、6月末に踏んづけ植え。2週間後に一度土寄せして、8月中旬の開花直前にたっぷりかん水。10月下旬に収穫する。

栽培の実際

1 育苗〜植えつけ

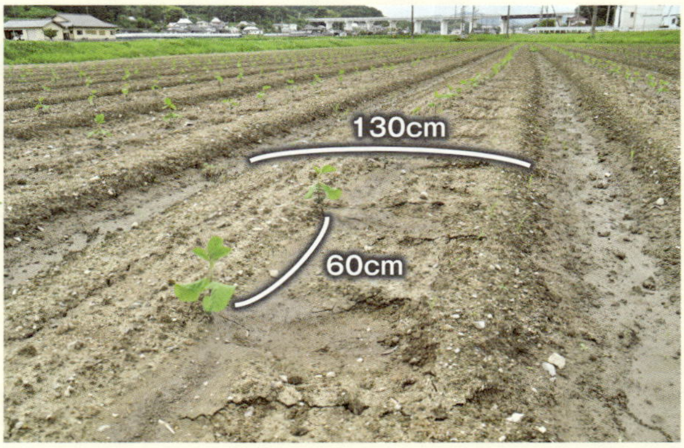

6月中旬にタネまきし、約10日後に植える。苗は多少長くても問題ない。前年にイネをつくった田んぼへ冬に牛糞堆肥を1a当たり150kg入れ、植える前に1a当たり苦土石灰15kg、PK化成2kgをまき、幅130cmのウネを立てる＊

❶ 植えつけは、翌日雨が降るタイミングをねらい、株間60cmで苗をポンポンと投げ置く＊

❷ 根鉢のあたりをギュッと踏んづけて歩くだけ。覆土もしない＊

❸ 先端の葉っぱのほうを踏まなければ苗はまったく問題ない＊

2 植えつけ後の管理〜収穫

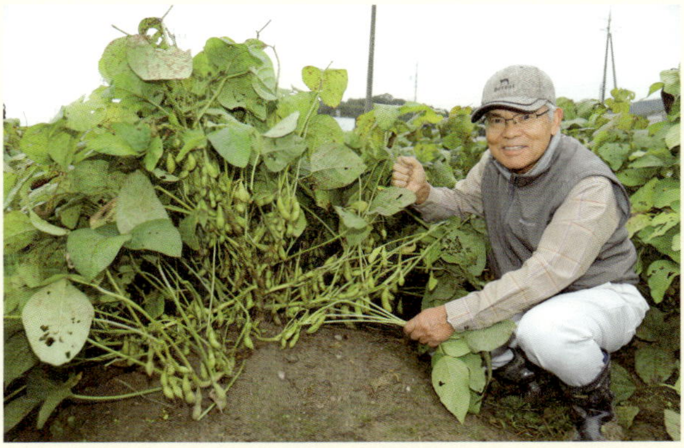

植えつけ後は、よほど晴天が続かない限りかん水もしない。2週間後に1回土寄せ。あとは開花直前にたっぷりかん水。ウネ間に2〜3時間水をためてから排水。同じタイミングで、生育に勢いがないときは硫安を1a当たり0.5kg程度ウネ間に追肥してやる。10月下旬に収穫となる

台風の季節だが、茎から伸びた不定根がガッチリ張るので倒れにくい

のらぼう菜

地際収穫

神奈川県川崎市・髙橋孝次さん

のらぼう菜はナバナ類に分類される春のつぼみ菜。太くてやわらかい花茎がずっととれる

●栽培カレンダーと品種

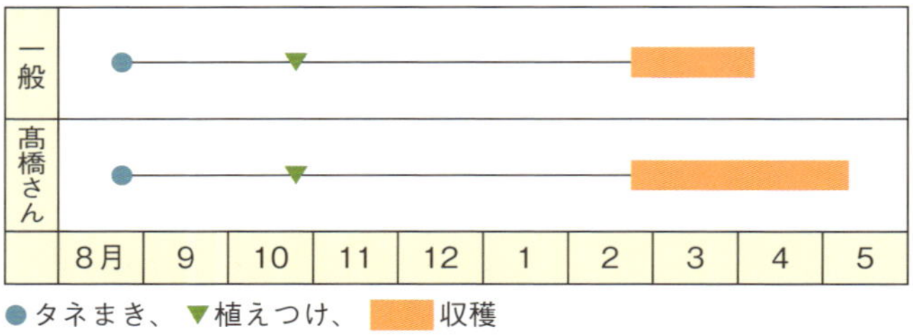

一般的な収穫期間は2月下旬から4月上旬。でも髙橋さんは5月上旬までほぼ2倍の期間とれる。タネは自家採種。もちろん市販のタネもある。

多摩地方の伝統野菜、のらぼう菜をご存じだろうか。トウ立ちした花茎を食べるナバナ（洋種ナタネ）の一つで、春先、他の冬野菜のトウが立って出回らなくなる頃にとれるありがたい野菜だ。

髙橋孝次さんは、そんなのらぼう菜を70年もつくり続けている大ベテラン。その長年の経験から、なんと1株の収量が10倍にもなるという革新的な栽培法を考え出した。

のらぼう菜は、一般的には2月下旬からとれ始め、だんだん芽が細くなってきて4月上旬には収穫が終わる。ところが髙橋さんは、5月上旬まで1カ月も長くとるうえ、太くておいしい花茎をとり続ける。ほぼ倍の期間、ボリュームのある太い花茎をとり続けられるから、重量では10倍とれると言っても過言ではない。

秘訣は、収穫はなるべく地際ですることで、常に地際近くからわき芽が伸びるようにしてやることだ。わき芽は低い位置から出るもののほうが断然太くてやわらかい。

（撮影：依田賢吾）

裏ワザ　地際収穫で太いわき芽を伸ばす

収穫の違いとわき芽の伸び方

髙橋さんのやり方		普通のやり方
①草丈40cmの頃	花蕾	①草丈60cmの頃
②1回目の収穫		②1回目の収穫
③地際近くから太いわき芽が伸びる		③高い位置から細めのわき芽が伸びる
④2回目以降の収穫		④2回目以降の収穫

4月中旬、すでに何度も収穫しているが、
まだまだ太い芽が伸びてきている

伸びているわき芽はかなり細い。
まもなく収穫終了となる先細りの姿

1株からとれたわき芽を比べた。髙橋さんの
株は500g！　茎も太くてボリュームがある

普通のやり方の株は100g

栽培の実際

1 植えつけ

髙橋さんは水田あとにのらぼう菜をつくる。8月下旬にタネをまいて苗を育てておき、イネ刈り後の10月下旬に植えつける。条間70cm、株間50 ～ 70cmと広めの間隔で植え、株が横に大きく広がれるようにする

2 追肥

植えつけ後、11月から1月にかけて野菜用有機入り化成肥料を毎月1回ウネ間に追肥し、冬の間にできるだけ勢いのいい株に育てておく。収穫が始まってからの追肥では遅い

3 地際収穫

❶ 草丈40cmくらいの株になったら（2月下旬）、最初の収穫

❷ 地際5～10cmで切る。このあと、3月下旬までは、上から25cmくらい（出荷に適した長さ）を収穫し続ける

●発想の着眼点

植物は、頂点に栄養をみんな持っていくようにできてるのよ。上のほうにいこうと。だから、なるべく地際で収穫して、下からわき芽が出るようにしてやると、太くなる。これが革新的な技術だよ。

4 切り戻し

❶ 3月下旬以降、芽が長く伸びるようになってきてからは、収穫するたびに切り戻しもしていく

❷ まず、上から25cm分くらいを収穫。その後、残った部分は葉1枚残して指で摘むか鎌で切る（この部分は捨てる）。この切り戻しを繰り返す

❸ 摘んだ茎の切り口の下に見えるわき芽（矢印）。これが太いわき芽になる

収穫したのらぼう菜。太い茎が甘く、やわらかくておいしい。細くなるほど繊維質で硬くなってしまう

のらぼう菜のわき芽

これは、58 ページの髙橋孝次さんののらぼう菜のわき芽。まだとても小さくて目立たないが、これが髙橋さんの畑では、あとで大きな仕事をする。

このわき芽、茎（主枝）をそのまま伸ばしている限りはほとんど伸びないが、茎を収穫すると（芯を摘まれると）急に伸び始める。これは茎の先端に芽があるうちは、わき芽の生長が抑えられていたためだ。茎もわき芽もいっせいに伸びてしまうと、株が大きくなれないので、茎を優先的に伸ばすしくみ（頂芽優勢という）といえる。だから収穫で先端の芽を取り除くと、わき芽はその抑制から解き放たれ、切られた茎の代わりに自分が大きくなろうとして伸び始める。「植物は頂点に栄養を持っていくようにできてるのよ」と髙橋さんがいうのは、こういうことではないだろうか。

わき芽はわき役でなく主役になれる力を持っている。

（撮影：依田賢吾）

第3章

土寄せいらず

●ラクしてちゃんととりたい！

大島寛さんと近所の竹前香代子さん

この白さで、この長さ
しかも、なんと
土寄せしないんだよ

ネギ

穴底植え

長野県須坂市・大島 寛さん

ネギは土寄せが命。まっすぐ白いネギをつくるには、いかに土寄せを繰り返し、高く盛るかにかかっている——そんな常識を覆す、画期的にラクな裏ワザが発明された。

その名も穴底植え。マルチを張ったウネに穴をあけ、苗を落としたら作業終了。あとは土寄せはもちろん、水やりも草取りも防除もしない。半年間放っておくだけで収穫してしまう、本場のネギ農家が聞いたら怒り出しかねない栽培法だ。

発明したのは、直売所でネギを売る大島寛さん。土寄せいらずの穴底植えなら、ウネ間も株間も狭くできるので、10a当たりじつに2万本（1m^2で20本!）も植えられる。「1本50円で売れるのでね、１００万円の収入になる、とこういうことです」。

しかもこのネギ、食べてもおいしい。土寄せで土を締めないでスクスク育つからか、太いのにやわらかくておいしい。

「これだったら、苗を落として収穫するだけ。今までの何十倍もラクですよ」と近所の竹前さんも大絶賛だ。

裏ワザ

穴底に植えるだけ、あとは何もしない

マルチにあけた深さ 30cm 強の穴に苗をポトンと落とすだけ。あとは収穫まで何もしない。これで軟白部 30cm 以上の白ネギがとれる。最初から穴底に植えてしまえば、生長に伴って肥大した葉鞘が植え穴に密着。光が当たらずに白くなるということのようだ。しかもまっすぐの植え穴を伸びてくるので、まっすぐなネギができる。

●発想の着眼点

葉先が埋まるほどの深い穴に苗を落としても、ネギは光を求めて伸びるし、太くなることに気がついたんです。

●栽培カレンダーと品種

品種は「松本一本ネギ」。分けつする株ネギや葉ネギでなく、一本ネギを使う。寝かせて植えることで“曲がり”が売りの松本一本ネギだが、穴底植えならまっすぐ育つ。大島さんは自分で苗を育てているが、買い苗でも同じようにできる。

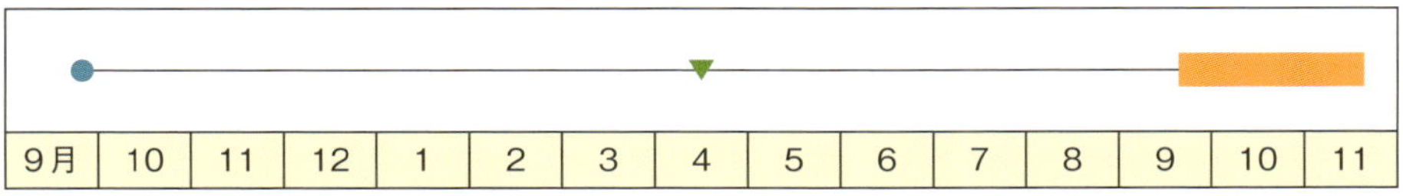

栽培の実際

1 畑の準備

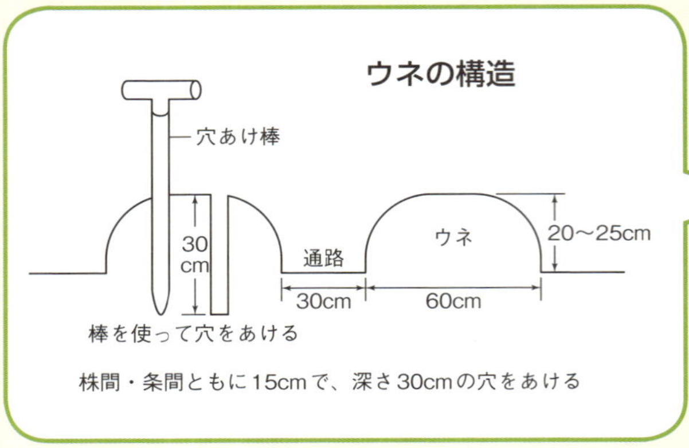

① 植えたら収穫まで何もしないので、元肥は有機肥料で多めに入れる。1a当たり鶏糞22kg、菜種粕10kgを全面にまく。ロータリで深めによく耕しておくとあとで穴をあけやすい。土寄せしないので、通路は狭くてもいい

2 植えつけ

① 穴をあけたそばから苗を落としていく。ただ落としていくだけなので、ラクにどんどん植えられる

② 自作の穴あけ棒でウネに深さ30cm強の穴をあけていく。穴が崩れないよう、ある程度畑に湿り気があるときにマルチを張るのがポイント

② 苗の周りにある隙間が、魔法瓶のように熱を保って苗を守る。4月下旬の長野はまだまだ寒いが、おかげで問題なく育つ。決して穴に土を寄せて埋めてはいけない。葉の又が土に埋まると苗が腐ってしまう。あくまで落とすだけでいい

③ 穴あけ棒は、直径約3cmのステンレス製物干し竿の先を尖らせ、取っ手を付けたもの。苗は穴の深さと同じ30cmくらいがいい。植える前に根を1cmほどに切っておくと根付きがよくなる

3 収穫

❶ 植えたら収穫を待つばかり。マルチを張っているので草取りはなし。水やりもなし。晴天が続いても、穴底は地下からの水分でほどよく湿っている。防除もなし。赤サビ病対策を兼ねて石灰窒素をまくことがあるくらい

❷ 何もしないで半年後、見事なネギができた

❸ 土が締まっていないので、収穫もラクラク。女性でも片手でスポンと抜ける

ネギの特性

根が命

ネギの根は空気が大好き。だから深く植えても上へ上へとのぼってくる。土寄せは、本来こののぼってくる根に土と一緒に追肥をあげつつ白い部分を長くする大事な作業。だがやり過ぎると、根を切ったり土が締まって酸素不足になることもある。

ウネの中を掘ってみると、ちょうど穴の形に白く、太く育っているのがわかる。根も地表までビッシリ

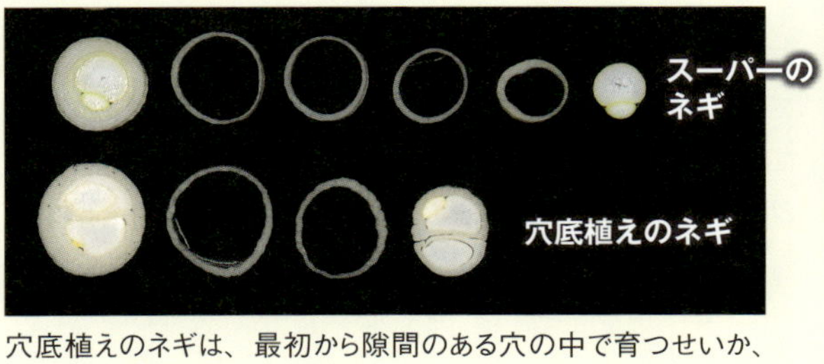

穴底植えのネギは、最初から隙間のある穴の中で育つせいか、皮が少なく中の綿部分が大きい。だから太いのにやわらかくておいしい。いっぽうスーパーで買ったネギは、土寄せのストレスに耐えるためか、皮が多くて綿部分が小さく硬い（撮影：赤松富仁）

ジャガイモ

超浅植え

福井県福井市・三上貞子さん

地面にゴロゴロ転がったイモをひたすら拾う。もはや「イモ掘り」とは呼べない収穫でキレイなイモをたくさんとっているのは、三上貞子さん。13ａの畑で80歳を超えても1人で33種類もの野菜をつくっている。

普通ならジャガイモは、深い溝を掘って種イモを植え、あとで土寄せもしてイモが日光に当たって青くならないようにしっかり埋めてつくる。でも、トラクタも耕耘機もない三上さんにとっては、深い溝を掘るのも土寄せするのもかなり大変だ。

そこで考え出したのが、超浅植え。畑は不耕起で、植えるときもほとんど掘らない。土は種イモがやっと隠れる程度にしかかけない代わりに、黒マルチを張る。すると、土寄せなしでもちゃんと日光はさえぎられ、キレイなイモが地面にズラリと並んでできることを発見した。その評判は瞬く間に広がり、近所の人たちも続々と実践している。

裏ワザ

超浅植えして黒マルチで覆う

植えつけは、不耕起畑を軽くほじって種イモを置き、隠れる程度にちょこっと土をかぶせるだけ。

株間にボカシ肥をやって黒マルチをかけたら、あとは収穫を待つだけ

3カ月後、マルチをめくればジャガイモがズラリ。拾うだけで収穫できる

●発想の着眼点

クワで深く溝を掘ってジャガイモを植えたら、雨がたまって腐ってしまったことがあったんです。それで、ひとウネだけ高く盛って頂点に種イモを置いたのですが、かける土がもうない。仕方ないので土の代わりに黒マルチをかけたら、あとはめくるだけでジャガイモがズラッと並んでいたんです。

ジャガイモの特性

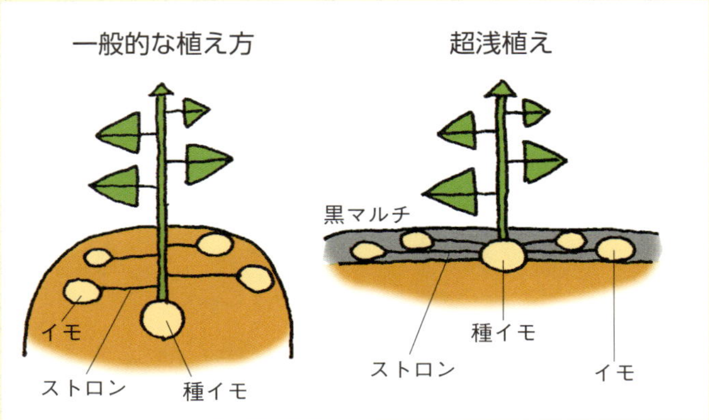

暗くすればイモはつく

ジャガイモは、土の下で伸びるストロン（地下茎）が太ったもの。根っこではないので、イモは種イモより上にできる。だから土寄せは必須かと思われていたが、黒マルチで暗くしてしまえばイモは地表面でもつくということのようだ（78ページ）。

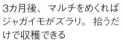

栽培の実際

●栽培カレンダーと品種

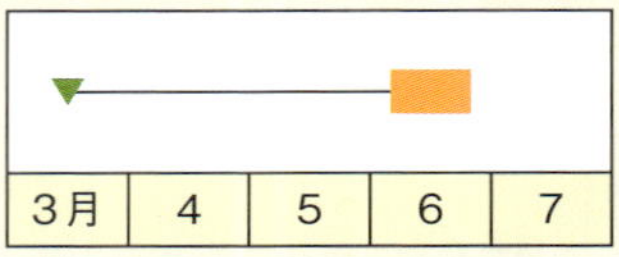

▼植えつけ、　収穫

三上さんは3月中旬に種イモを植え、約3カ月で少し早めに収穫する。品種は「キタアカリ」を使用。

1 畑の準備

前年秋からつくっているハクサイやダイコンが残る三上さんの水田転換畑。ウネは田んぼから畑にした当時に立てたものを崩さずにずっと使っている。ジャガイモも、ダイコン収穫後のウネを耕さずにザッと均すだけで植える

使う道具は、
平グワ、ノコギリ鎌、
移植ゴテの3つだけです

2 植えつけ

まずは種イモを置いていく。幅2mのウネに条間40cm、株間30cmの間隔で5条並べる。ちなみに種イモは切らなくていい小さめのものを購入

頂芽を下向きに植える

種イモの植え方と芽の出方

頂芽を上に植えると……

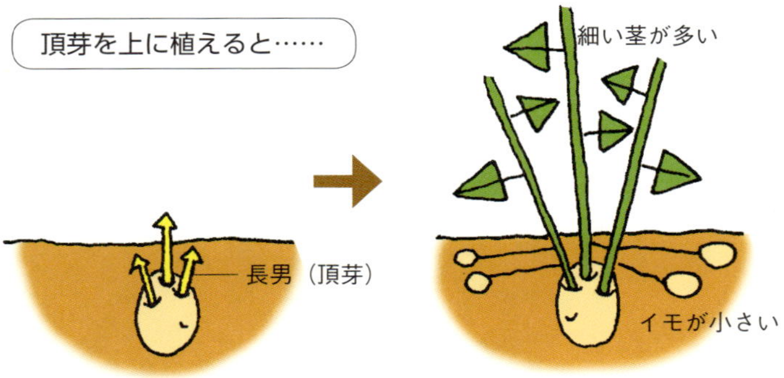

たくさんの芽が出て細い茎が多くなる。
しっかり芽かきをしないと小さなイモが多くなってしまう

逆さ植えすると……

二番手の芽が優先的に育つので、太い茎ができる。
ほとんど芽かきしなくても大きなイモができる

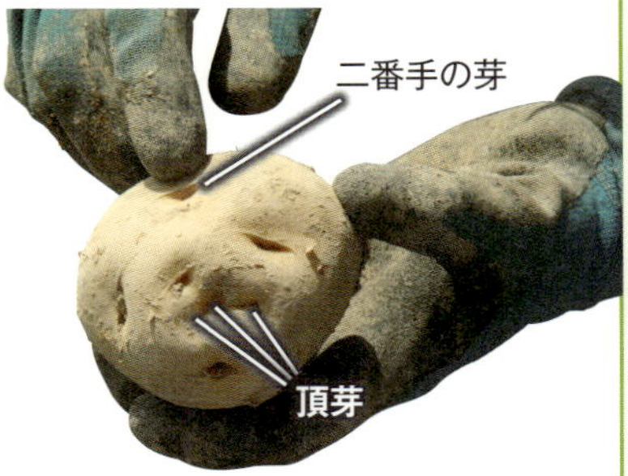

種イモは、たくさんついた頂芽を下向きにして逆さ植えするのがポイント

3 施肥

種イモが隠れる程度、2cmくらい土をかけたら目印にソバガラをのせ、株間に自作のボカシ肥をお碗一杯分くらい置いていく。肥料はこれだけで追肥は不要

4 マルチをかける

黒マルチで覆えば植えつけ完了

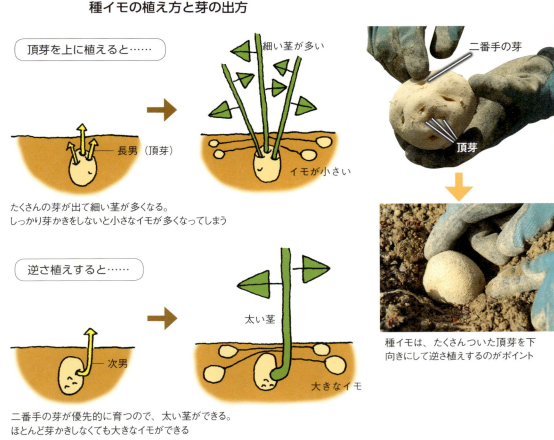

●病害虫対策

トウガラシをまく

農薬はいっさい使わない。ただネズミやモグラは心配なので、乾燥させたトウガラシをミキサーで粉々にし、マルチをかける前にパラパラまいてやる。ピリピリした刺激のおかげか寄りつかない。

5 マルチの穴あけ

1 植えつけて1週間くらいしたら芽が出てふくらんでくるので、マルチをときどき触って確かめる

2 カッターなどで少し切り込みを入れて芽を外に出してやる。このとき芽がたくさん出ているようなら手で折って芽かきしてもいい。マルチの切り込みから風と光が入らないよう、仕上げに土をひとつかみかけておく

6 収穫

1 収穫は早めに、葉がまだ青々としているうちにする。葉が枯れてマルチに直射日光が当たってしまうと、青イモが多くなりやすい

2 キタアカリは花が咲いたあとに小さいトマトのような実がつく。これが収穫の合図（毒があるので食べられない）

本当にラクですよ

●収穫と利用の工夫

大量に収穫したジャガイモは、ある程度日陰で乾かしたあと、発泡スチロールに入れてリンゴをひとつ入れておけば芽を出さずに保存できる。リンゴから出るエチレンガスの効果だ。

❸ 青い茎葉を鎌で刈り取ってからマルチをめくる

❹ 地面にズラリと並んだイモを拾い集めて収穫する。深いところにイモはないので、掘る必要はない

サトイモ

逆さ植え

長野県須坂市・大島 寛さん

●発想の着眼点

サトイモは、種イモから出る芽に親イモがついて、そこに子イモがつくでしょ。逆さに植えれば、芽が下からUの字で上がってくるから、親イモが深いところにできると思って。

「最初はなかなか信じてもらえませんでした」と振り返る大島さん。サトイモの植え方に疑問を持ち、試行錯誤を始めた頃の話だ。

　サトイモは、種イモの芽を上にして植えるのが当たり前だ。すぐ芽が出てきてグングン大きくなるので、誰も疑問に思わない。でも勢いよく育つままに放っておくと、子イモが地表まで顔を出してきて青イモが多くなってしまう。だから、土寄せを2回ほどして株元をしっかり埋めてやらないと、真っ白くキレイなイモをたくさんとることはできない。

　大島さんは、直売所向けの野菜を1haもつくることもあって、そんなに手間をかけられない。そこで種イモを逆さに植えることを思いつく。ひょっとしたら、芽が下から伸びてくる分、親イモが深い位置につき、土寄せなしでもキレイなイモがとれるのではないか……？

　実際に逆さ植えすると、まんまとねらいが当たった。土寄せなしでも真っ白なイモがたくさんとれたのだ。

大きな芽を下向きにして
種イモを植える

裏ワザ
芽を下向きにして逆さ植えする

サトイモの特性

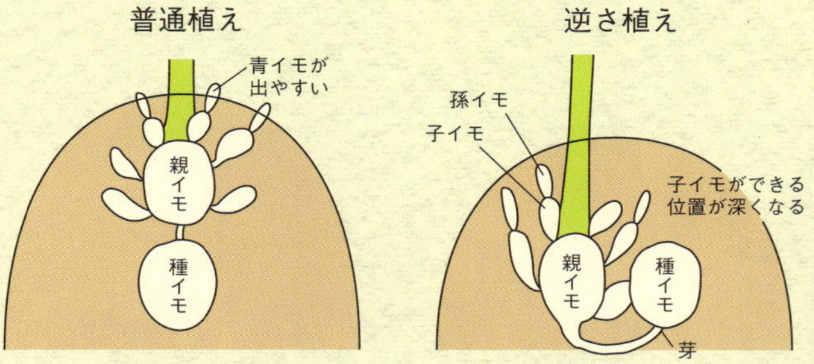

サトイモは普通、種イモの芽を上にして植える。種イモから出た芽が親イモになり、そこに子イモ、孫イモが上へ上へとつく。そのため土寄せをしてイモの太るスペースをつくり、青イモ（日焼け）を防ぐ必要がある。しかし逆さ植えすれば、この土寄せが不要になる。親イモの位置が深くなるので、子イモや孫イモが地表に出にくくなる。

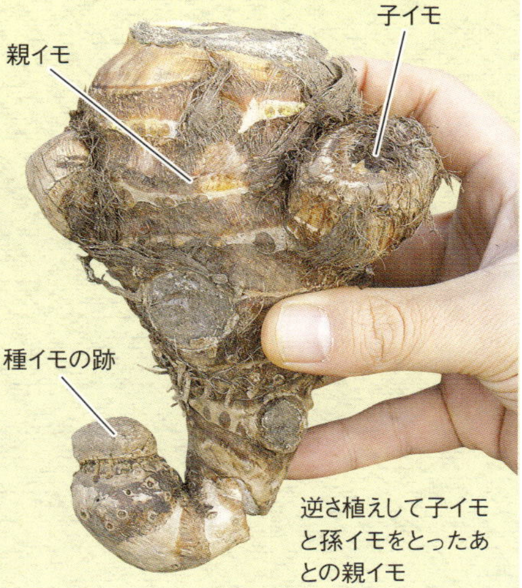

逆さ植えして子イモと孫イモをとったあとの親イモ

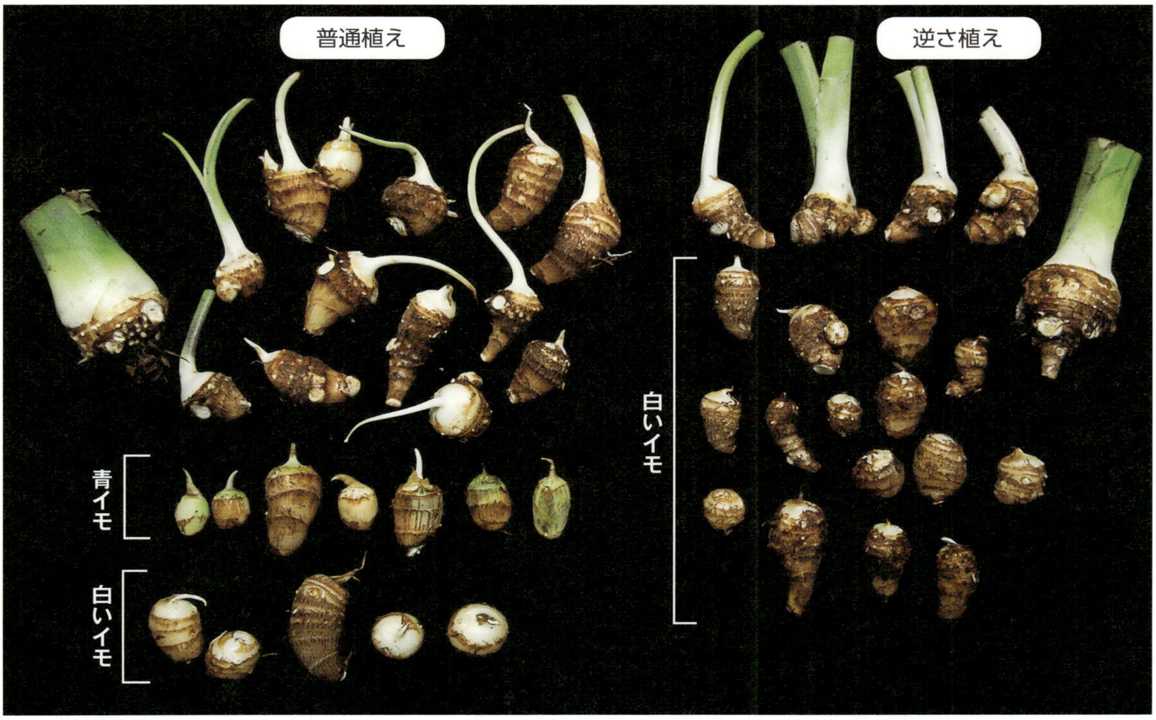

普通植えと逆さ植えでサトイモをバラしてみた。普通植えのほうがイモの数は多いものの、芽が出たイモや青イモがほとんど。いっぽう逆さ植えは、ほとんどが白くて丸いキレイなイモになった（撮影：赤松富仁。77ページaも）

●栽培カレンダーと品種

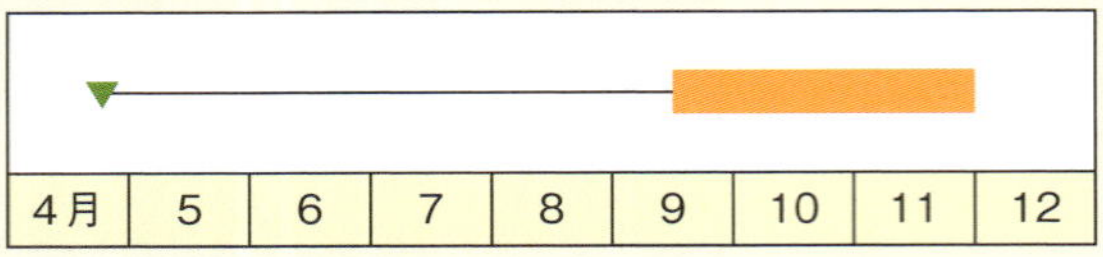

▼植えつけ、 ■収穫

4月下旬に種イモを植え、9月中旬から収穫。
品種は「土垂」を使用。

1 種イモの準備

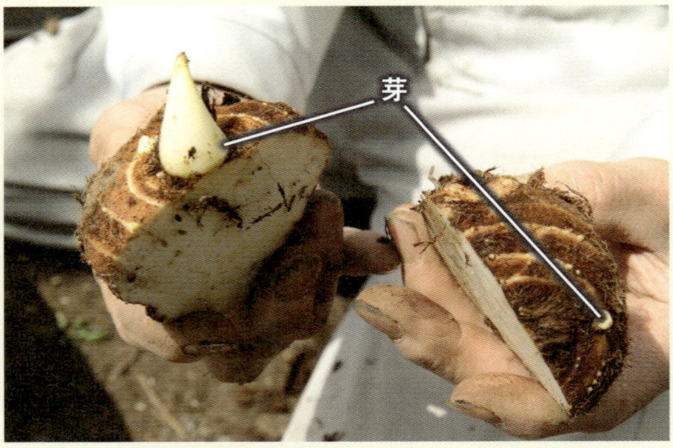

種イモは、前年から室で保存しておく。子イモや孫イモも使えるが、大島さんのオススメは大きな親イモ。2 ～ 3個に切り分けて使う

2 畑の準備

❶ 元肥に1a当たり菜種粕10kg、鶏糞22kgを入れて耕し、幅80cm、高さ20 ～ 25cmのウネを立てて黒マルチをかける。あとで追肥も土寄せもしないので、元肥はやや多めに入れておく

❷ 移植器で深さ15 ～ 20cmの穴をあける。株間は約25cm

青イモなし。真っ白でキレイな子イモがたくさんついた株が収穫できる

3 植えつけ

逆さ植えは
普通植えより
芽が出てくるまで
時間がかかるが、
根気よく待つ

❶ 種イモを芽が下向きになるように逆さ植えし、土を埋め戻す（a）

❷ 子イモを使う場合も、もちろん芽を下向きに逆さ植えする（a）

4 収穫

追肥も土寄せも防除もなし。雨が少ない年は2週間に1回ウネ間かん水してやるくらいで収穫を迎える

ジャガイモ・サトイモの芽

これは、ジャガイモとサトイモの種イモ。ジャガイモは68ページの超浅植えの三上貞子さんのもので、サトイモは74ページの逆さ植えの大島寛さんのもの。逆さ植えは深植えだという人もいるのだが、芽が出てからイモはどのようにしてできるのだろうか。

そのことを考えるうえで、サトイモのおもしろい研究報告がある。それによると、種イモの頂芽の基部が見えるような浅植えでは、土寄せをしなければイモはできない。ところが、土寄せの代わりに種イモの上に箱をかけ、茎葉だけは箱から出し、箱の中を暗黒にするとイモができるのだという。このことは、イモができるには芽の基部（茎になる部分）が暗くなればよいことを示しているとのこと。

ジャガイモの超浅植えではマルチをかけるが、中を暗黒にする箱の役目をマルチがしているということだろう。また、サトイモの逆さ植えでは、芽の出る位置が深くなるので、常に暗い条件になることで土寄せいらずになるのだろう。

第4章

挿し芽・わき芽挿し

●安上がりに野菜づくりがしたい！

これがジャガ芽です

ジャガイモ ジャガ芽挿し

岡山県赤磐市・坂本堅志さん

種イモが足りなくてジャガイモが植えられない……⁉ そんな心配も、坂本堅志さんが考え出した「ジャガ芽挿し」を実践すれば、一気に解消する。なにせこの栽培法、植えるのは種イモではない。あらかじめ苗床に埋めておいた種イモから無数に伸びてくるジャガ芽をもぎ取り、苗のように植えるのだ。「ひとつの種イモから合計20本は苗がとれますから、植える場所に困るくらいです」と坂本さんはニンマリと笑う。

利点は種イモが節約できるだけではない。種イモから伸びる芽を1本ずつ分けて植えるわけだから、面倒な芽かき作業をする必要がない。苗からのスタートだからか、移植後たった2カ月で収穫できる。しかもわりと大きさの揃った苗を1本ずつ植えるからか、イモの形や大きさもよく揃う……などなど。

春先から11月まで芽を植え続けて通年栽培にも挑戦できるなど、ジャガ芽は可能性無限大だ。

（撮影：依田賢吾）

裏ワザ

種イモから出た芽を苗として植える

植えるのは種イモではなく、伸びてきたジャガ芽。春先に種イモを土中に埋めれば、右ページの写真のように無数の芽が伸びてくる。これを１本ずつもぎ取り、苗として植える。苗をとった種イモは、また埋めれば再び芽が出てくる。２～３回繰り返して合計 20 本もの苗がとれるので、種イモ代は激減。ジャガ芽は１本ずつ植えるので、芽かきも必要ない。

●発想の着眼点

きっかけは、トマトのわき芽挿し栽培（9 ページ）を知ったこと。同じナス科のジャガイモなら、挿し芽ができるのではないかと試してみました。わき芽挿しは成功しませんでしたが、種イモから出た芽を根付きで移植すれば、よく活着することがわかったんです。

伸び揃った芽を植えるからか、植えつけからわずか2カ月余りで収穫できる。
しかもイモの形と大きさも同級生のようによく揃い、クズイモが少ない

栽培の実際

●栽培カレンダーと品種

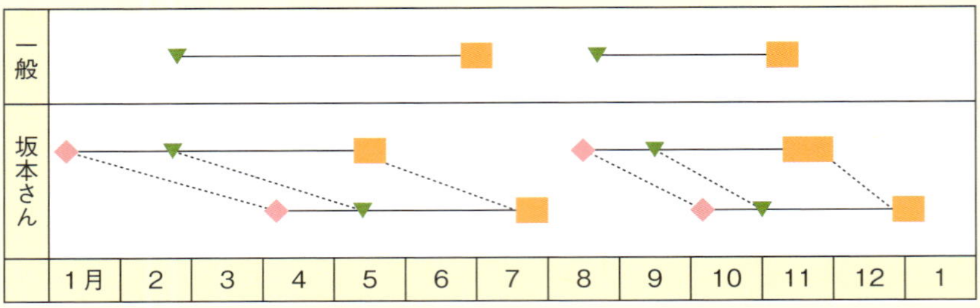

◆芽出し、▼ジャガ芽挿し、■収穫

坂本さんは、春は2月末から5月までジャガ芽挿しを繰り返し、5月から7月まで収穫し続ける。また秋も9月から10月末までジャガ芽挿しし、年明けまで収穫し続ける。品種は「男爵」、「アンデスレッド」、「デジマ」などどれでも可能。

1 育苗＆苗とり

❶ 2月下旬、種イモに6～7cmの土をかぶせて芽出しする。寒冷紗をかけて保温しておけば、4月中旬にはたくさんの芽が出てくる。なお、種イモは切らないで丸のまま埋める

❷ 芽が5～15cmくらい顔を出してきたら掘り取る。土に埋まっていた白い部分からたくさん根が伸びてきているのがわかる。この根付きで1本1本バラしていく。芽をとった種イモは、また埋め戻して2番芽、3番芽をとる

❸ 種イモ1個から11本の芽がとれた。まだ先端が白い芽は、植えても生育がよくないので本来はとらずにおいたほうがいい。種イモの大きさにもよるが、1つの種イモから合計20本以上のジャガ芽がとれる

❹ 2～3回芽をとったあとの種イモも、捨てずに畑に植えれば種イモとして十分使える

2 植えつけ

❶ 元肥に牛糞堆肥、化成肥料（オール14）と油粕をそれぞれ1m^2 当たりひと握り振って100cm幅のウネを立て、三角グワなどで深さ約10cmの溝を2条掘る

❷ 溝にジャガ芽を並べて「谷底植え」する。深植えになるので青イモができにくく、あとで土寄せも1回やれば十分。谷底は地温が高くて活着や生育もいい

❸ 茎の白い部分が埋まる程度に土をかける

❹ 株間は15 ～ 20cm。1本立ちなので、密植気味にしたほうが収量は上がる。植えつけ直後から根付くまで2 ～ 3日はジョウロで水をやる。1本立ちで育つので芽かきは不要

●病害虫・雑草対策

短期間収穫で雑草にも負けない

ジャガイモは連作障害があるので、種イモを埋める場所、ジャガ芽を植える畑は毎年変える。防除はいっさいなし。植えつけ後2カ月という短期間で収穫できるので、除草を兼ねた土寄せを1回すれば雑草にも負けない。

3 追肥＆土寄せ

❶ 植えつけから2週間後、化成肥料を1m^{2}当たりひと握り追肥してから土寄せする

❷ 植えたときの溝を埋め戻すように両側から土を寄せる

4 収穫

1株当たりのイモは4～5個とやや少なめだが、クズイモが少なく、形も大きさも同じくらいのイモが揃ってとれる

植えつけから2カ月後、地上部が倒れて葉が黄色くなってきたら収穫

「イモが揃うから、同級生栽培とも呼んでるんですよ」と坂本さん。10株で約10kg、大きさの揃ったイモが収穫できた

サトイモ　サト芽挿し

岡山県赤磐市・坂本堅志さん

●発想の着眼点

ジャガ芽挿しができるのだから、サトイモでも同じようにできないかと考えて始めました。

「親はなくとも子は育つ」といわれるが、どうやらこの言葉、人間だけでなくジャガイモにも、そしてサトイモにも当てはまるらしい。種イモいらずのジャガ芽挿し栽培を考え出した坂本さんは、サトイモでも同じようにサト芽挿し栽培を実践、見事に成功した。

「親（種イモ）と子（芽）を早く切り離すと、植物は早く自立し、子孫を早く残そうとするようです」と坂本さん。5月から7月にかけて根付きのサト芽を植えると、9月下旬から11月中旬には早くも掘り取れる。わずか4カ月のスピード収穫だ。

しかも、わき芽が出ないから芽かきはいらないし、できるイモは色白で形がよく揃った同級生イモで、やわらかくておいしい。ジャガ芽挿しと同様、いいことづくめだ。

スピード収穫のジャガ芽挿しとサト芽挿しを組み合わせれば、ジャガイモ収穫後の畑にサト芽を挿して収穫することだってできる。「挿し芽による栄養豊富なイモづくりが、世界の食糧難を考えるきっかけになればと、途方もない夢を見ております」という坂本さん。その夢が、夢でなくなる可能性は大いにある。

（撮影：依田賢吾）

裏ワザ

種イモから出た芽を苗として植える

ジャガ芽挿し同様、植えるのは種イモではなく、根付きでもぎ取ったサト芽。溝に谷底植えし、芽かきは不要、土寄せを1回するだけで収穫できるのもジャガ芽挿しと同じ。種イモが節約でき、作業はラクですぐ収穫できる。

早ければ
植えて4カ月で収穫

●栽培カレンダーと品種

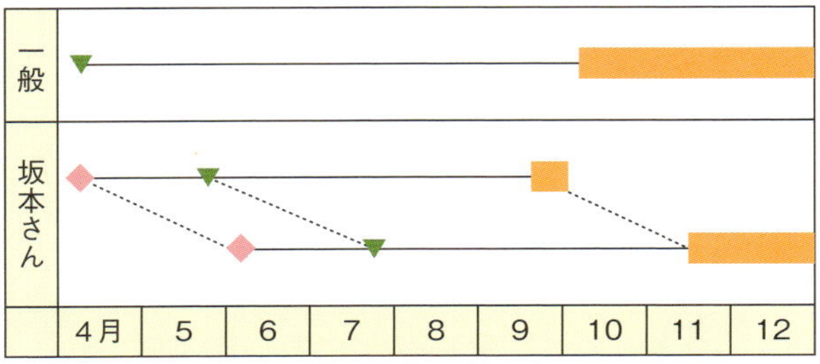

◆芽出し、▼サト芽挿し、■収穫

サト芽が伸び次第、5月下旬から植え始めて7月下旬まで次々植えられる。早いものは9月下旬から収穫。ウネにモミガラをかけておけば冬越しして収穫もできる。品種は「土垂」、「赤芽大吉」、「石川早生」など。

栽培の実際

1　育苗＆苗とり

❶ 前年から保存しておいた種イモの中心の芽を切り取って植えつけ準備。中心の芽を残すと種イモの養分を取り過ぎるので、切って周辺の芽を育てる（芽出し）

❷ 4月上旬、種イモの上に土を6 ～ 7cmかぶせて埋める。切り口を下に向けて種イモを逆さに埋めると、芽がよく伸びてもぎ取りやすい

❸ 芽が10 ～ 15cmくらい出てきたら掘り起こす

❹ 1個の種イモについた芽。根を付けたまま1本1本サト芽をもぎ取る

❺ 種イモ1個から5本のサト芽がとれた。芽をとった種イモをまた土に埋めておけば、2番芽、3番芽も出るので合計15 ～ 20本とれる

2 植えつけ

① 元肥に鶏糞、化成肥料（オール14）と油粕をそれぞれ$1m^2$当たりひと握り振って、幅130cmのウネに深さ約10cmの溝を2条掘り、サト芽を茎の白い部分が隠れるように深めに植える。株間は約20cmと密植気味にしたほうが収量は上がる

② 植えつけ直後から根付くまで2～3日は水をやる。その後も夏場は乾燥させないようにこまめに水をやったほうがいい

3 収穫

① 栽培期間中の管理は植えつけて2～3週間後に追肥（ジャガイモ同様）と除草を兼ねた土寄せを1回する程度。植えつけて4カ月後には収穫

② 掘り取った1株のサトイモ

③ 上の1株をバラしてみた。形の揃った子イモが16個とれた。小さなクズイモは4個だけ

挿し木で増やしちゃいけない植物

・品種登録されていない（または登録が切れている）植物は、挿し木や自家採種によって自由に増やし、増やした種苗を販売することもできる。

・登録された品種も、農家が自分の経営のために行なう場合は、購入した種苗の増殖が許されている（育成者権の例外）。

・ただし、以下に挙げた289品目の栄養繁殖する植物のうち、品種登録されたものについては、農家の自家増殖であっても認められていない（育成者権の例外の例外）。苗を売るのはもちろん、タダで分けるのも禁止されているので注意が必要だ。

・登録の有無は、農林水産省のホームページ（http：//www.hinsyu2.maff.go.jp/）から調べることができる。

野菜	オクラ、クワイ、カブ、カリフラワー、キャベツ、キュウリ、ケール、スイカ、ダイコン、トマト、ナス、ニンジン、ブロッコリー、メロン、ヤーコン、ワケギ　など
果樹	アセロラ、カリン、クルミ、スグリ、ナツメ、バナナ、パパイヤ、バンレイシ　など
草花類	アイリス、アガパンツス、アグラオネマ、アザミ、アジアンタム、アルストロメリア、アロエ、アロカーシア、イソトマ、イワダレソウ、イワヒバ、ヴァーレンベルギア、エオニウム、エクサクム、エスキナンツス、エピデンドラム、エビネ、エリシムム、エリンギウム、オーニソガラム、オドントグロッサム、オリヅルラン、オンシジウム、ガーベラ、カスミソウ、カトレア、カーネーション、カラテア、カランコエ、カリブラコア、カンナ、クラッスラ、クレマチス、グロリオサ、クンシラン、ジゴカクタス、シンビジウム、スパティフィラム、セネキオ（シネラリアを除く）、セントポーリア、ソリダステル、タゲテス、チューリップ、ツユクサ、ディーフェンバキア、デンドロビウム、トケイソウ、ネリネ、ハナキリン、ハワーシア、バンダ、ヒアシンス、ピレア、ヒロデンドロン、ファレノプシス、フリージア、ペチュニア、ヘメロカリス、ペラルゴニウム、ヘレボルス、ホウセンカ、ミムルス、ミルトニア、リコリス、リナリア、リンドウ、レウカンテムム、ローダンセマム　など
観賞樹	アカシア、アジサイ、アデニウム、アフェランドラ、イワナンテン、エゴノキ、エニシダ、カナメモチ、ガマズミ、カラタチ、カンノンチク、キダチチョウセンアサガオ、キョウチクトウ、クチナシ、クルシア、クレロデンドルム、クロバナロウバイ、ゲッケイジュ、コルムネア、シラタマノキ、セルリア、タバコソウ、ツタ、デイゴ、ディジゴテカ、デロスペルマ、ドウダンツツジ、ドゥランタ、トキワマンサク、ナナカマド、ニレ、ネムノキ、ノウゼンカズラ、ノリナ、パキラ、ハナズオウ、バラ、ヒサカキ、フジ、ヘーベ、ポインセチア、マダケ、ミヤマシキミ、ムラサキシキブ、メディニラ、メラレウカ、モクレン、ヤツデ、ヤナギ、ラウァンドゥラ、ルクリア、ルスクス　など
きのこ	きくらげ、くりたけ、くろあわびたけ、しいたけ、しろたもぎたけ、たもぎたけ、つくりたけ、はなびらたけ、ひらたけ、ぶなはりたけ、ほんしめじ、まんねんたけ、むきたけ、むらさきしめじ、やなぎまつたけ　など

※種苗法施行規則別表第３掲載の植物の一部を掲載

第5章

密植する

●少ない面積でたくさんとりたい！

ダイコン

1穴2本植え

神奈川県相模原市・長田 操さん

1つの穴から2倍とれる。
間引く手間いらず。
ダイコン栽培の革命だよ

ひとつの植え穴から、2本のダイコンがニョキニョキと首を出している。長田操さんのダイコン畑は、すべてこの1穴2本植えだ。「2本とも太くてまっすぐ。1本植えのダイコンと比べても、誰も違いがわかんないよ」と満面の笑みを見せる。

ダイコンは普通2〜3粒ずつまき、ある程度育ったら形のよさそうなものだけ1本残して間引いて育てる。間引く手間はもちろん、タネをまいたあとにトンネルや防虫ネットを張っていると、一度剥がしてまた張って……とますます面倒だ。最初から1粒まきなら間引く必要はないが、発芽不良で欠株になるところが必ずある。

そもそも、「1本にしないとまっすぐ太いダイコンができない」と誰もが思い込んでいる。ところが長田さんは、2本一緒に育てても、ほとんど1本植えと遜色ないダイコンができることを発見した。なるほど、痛快。ダイコン栽培の革命かもしれない。

裏ワザ

1穴2粒まいて、間引きしない

1つの植え穴にタネを2粒まき、そのまま間引きしないで育てるだけ。2本は双子のように一緒に大きくなり、植え穴を押し広げるように2本とも太くてまっすぐなダイコンに育つ。たとえ1粒が発芽不良でも問題なし。欠株になることはないし、1本で立派に育つ。

●発想の着眼点

忙しくてたまたま間引きできなかった2粒まきのダイコンが、結構大きくなってたんだよ。あれ、これ2本のままでも育つんじゃないの？　と思ってやってみたのがきっかけ。

スーパーで買ってきたダイコンと並べてみた。長田さんの1穴2本植えダイコンのほうがまっすぐ太くて、かえって立派

栽培の実際

●栽培カレンダーと品種

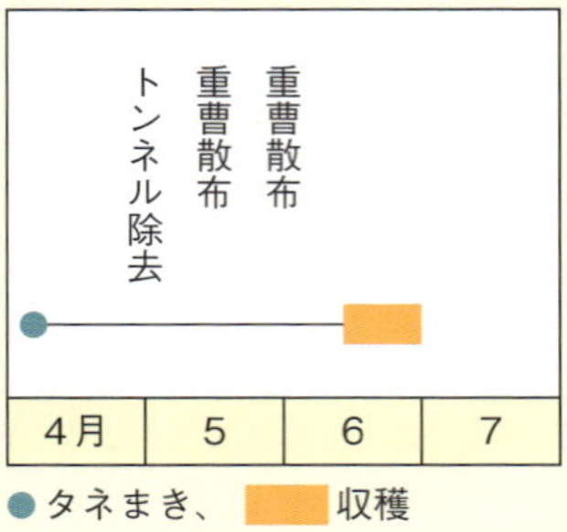

4月上旬にタネをまいてトンネルをかけ、6月中旬から収穫。品種は「仙水」など春まきのものを使用。

1 畑の準備

20mのウネに対して化成肥料（8−0−6）3kg、鶏糞5kg、カキ殻石灰3kg、硫マグ3kgをまいてよく耕す

2 タネまき

① 幅80cm、株間30cmの黒マルチを張ってタネまき

② コショウの空き瓶を軽く押し当ててまき穴をあけていくのがコツ

③ 4角形にできたまき穴の角に2粒のタネを落とすと等間隔でまける

いろいろ試したけど、
コショウの瓶が最高

3　かん水・トンネルかけ

覆土して水をやり、穴あきトンネルをかければタネまき完了

10日くらいで芽が出てくる。その後は
間引きせずに大きくなるのを待つ

4　重曹散布

5月初めにトンネルをはずし、タネまき1カ月後から2週間に1回、300 ～ 500倍に薄めた重曹を葉面散布する。「肥大促進にすごくいい」と長田さん。重曹（炭酸水素ナトリウム）を水に溶かすと炭酸ガスが発生して、光合成が盛んになるからではないかといわれている

5　収穫

6月中旬から大きくなったものを収穫していく

多少曲がったりするものも
あるが、2本植えで育った
とは誰もわからないほど

ブロッコリーも1穴2本植え

三重県松阪市・青木恒男さん

頂花蕾をとったあとに追肥して、わき芽も収穫する

1穴で2個とれる

スーパーで売っているブロッコリーは、手の平ほど大きく、花蕾《からい》も硬く締まって立派だ。でも料理するときは、まず太い茎を切り落とし、花蕾も細かく切り分けてから使う。ということは、大きくて立派なブロッコリーをつくる意味は何なんだろう……?

そんな疑問から、直売所名人・青木恒男さんは、常識破りのブロッコリー栽培法を考え出した。まずは1穴2本植え。タネを2粒まきして苗のときから2本一緒に育て、そのまま畑に植えつけする。すると、2本は双子のように一緒に大きくなり、頂花蕾(スーパーで売っている部分)も2個とれる。一般的な1本植えのものと比べたらやや小さめだが、料理のときにはどうせ細かく切り分けるわけだし、直売所では問題なくよく売れる。さらに、頂花蕾をとったブロッコリーに追肥し、下から出る小さなわき芽をどんどん伸ばし、ずっと収穫し続ける。

わき芽なら、ひと口サイズで切らずにそのまま料理できる。直売所のお客さんにも大人気。「お客さんにとっても、農家にとってもおいしい商品です」とホクホク顔だ。

裏ワザ

1穴2本植えで、頂花蕾もわき芽も多くとる

●発想の着眼点

市場に出す人みたいに大きな頂花蕾を1個だけとるやり方だと、つくるのに半年かかっても1個150円くらいで割に合いません。儲かる栽培方法をあれこれ考えた結果、2本植えして頂花蕾を2倍とり、そのあとわき芽もとり続ければ10倍は儲かることに気がついたんです。

タネを2粒まきして2本一緒に育てた苗を植えつけ、2本のまま育てていく。「ブロッコリーは、2本一緒に植えても片方だけ大きくなって片方を倒すってことはありません」と青木さん。根がからみ合って1本の樹のように大きくなる。

頂花蕾が十分に大きくなったら2つ同時に収穫。すぐに追肥して、以降はわき芽をとり続ける。

●栽培カレンダーと品種

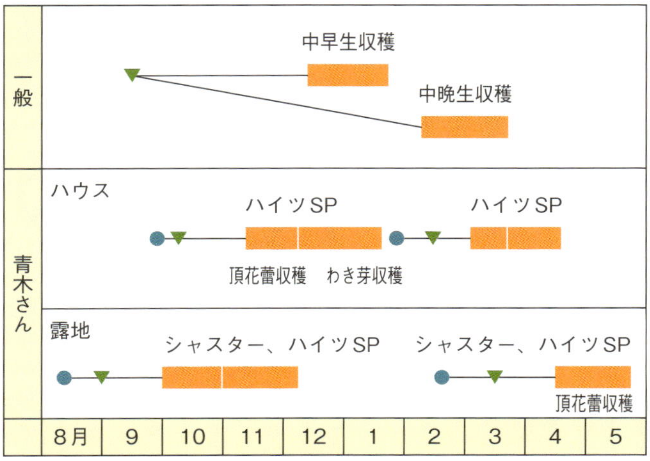

●タネまき、▼植えつけ、　収穫

品種は極早生の「シャスター」や「ハイツSP」(いずれもタキイ種苗)などを使用。露地では8月下旬、ハウスでは10月上旬に植えつけして一般農家の収穫が始まる前に頂花蕾を収穫する。露地の春作は害虫が多くなるのでわき芽収穫はしない

1 タネまき

❶ 128穴のセルトレイに山砂、有機物（ココナツピート）、粘土質多めの市販培土を同量ずつ混ぜた床土を入れる

❷ よくかん水したあと、タネを2粒ずつまいていく

2 畑の準備

❶ 元肥はなし。5cm程度に浅く耕した畑に幅100cmのウネを立て、条間60cm、株間40cmで植え穴をあけていく。先を尖らせた5cm角材を使用

❷ 打ち粉代わりに消石灰をまいてから角材を刺せば、先端に土が付きにくい

ブロッコリーの特性

2粒以上まいたほうがよく発芽する

ブロッコリーなどアブラナ科の野菜は、2粒以上まいたほうが発芽率が高いんです。タネが小さいから、重い覆土を集団の力で破るということでしょうか。

3 植えつけ

2本一緒に育った苗を植える。本葉2枚の若い苗がベスト。それ以上大きくなると、セルトレイの中で根が巻き過ぎて活着するのに時間がかかる。また植えるときは、茎を持って植え穴にそっと置くだけ。グッと押し付けると根が傷つくのでよくない

4 土寄せ＆追肥

① 植えつけて10日後、本葉3枚目が開き切る頃は、「風のひと吹きでパキパキ折れる」ほど茎が弱い時期。土寄せして茎を守ってやる。除草を兼ね、三角グワで地表1cmを薄く削るつもりで株元まで土を寄せる。1カ月後、本葉5～6枚出た頃にも土寄せする。このときは本葉1～2枚が埋まるくらいしっかり土を寄せ、収穫の頃によく働く不定根（茎から出る根）が伸びるようにしてやる

② つぼみが出る頃に追肥する。1a当たり尿素2kgを4株の対角線上に落としていくピンポイント追肥（103ページ）

5 収穫＆追肥

頂花蕾の収穫は、
芯止めだと思ったら
いいんですよね

2個の頂花蕾が大きくなったら収穫し、すぐに1a当たり尿素2kgを追肥。あとから出るわき芽も次々収穫していく

孫枝が出たらまた1a当たり尿素2kgを追肥。どんどんわき芽が出てくるようにして、春まで収穫し続ける

ハクサイ・キャベツ

ミニ品種の密植

三重県松阪市・青木恒男さん

キャベツもハクサイも、スーパーで買ったものの半分以下のサイズ

鍋に漬物に炒め物に……大活躍する冬野菜の定番、ハクサイやキャベツ。冬の直売所に行けば、3kgもありそうな大玉が山のように積まれている。大玉がとれたら農家なら誰でも嬉しくなるが、使うほうにしてみればそうでもない。「立派だけど、うちでは使い切れないな……」と半分や4分の1にカットされたものに手が伸びるのが現実だ。

だから直売所名人・青木恒男さんは、大玉系はいっさいつくらない。ハクサイもキャベツも、片手でつまんで持てるほどのミニ品種ばかりだ。

たとえば細長くて1kg以下のタケノコハクサイ。牛乳パックとほぼ同じサイズだから、冷蔵庫の野菜室が満杯でもドアに立てて置ける。「これならもう1個買っておいても大丈夫、となるでしょ」。

しかもミニ品種なら1200個と3倍植えられる。1m^2で12個！ 極早生で栽培期間も約半分だから、「年間の売り上げは5～10倍というおいしい品種です」。

裏ワザ　ミニ品種を密植する

大玉のハクサイ・キャベツが株間40～50cmで1条植えするのに対し、青木さんはミニ品種を株間15～30cmで3～6条と碁盤の目のように密植する。大玉は10a当たり4000個の収穫だが、ミニ品種だと9000～1万2000個とれる。

●発想の着眼点

冬場の直売所は、大きなハクサイやキャベツの安売り競争。でもミニならお客さんも買いやすいし、3倍4倍植えられるから1個100円で売っても十分儲かる。ハクサイもキャベツも買って、なおかつ他の商品にも手が伸びるサイズってことで、客単価も上がるんですよ。

●栽培カレンダーと品種（カレンダーはハクサイ）

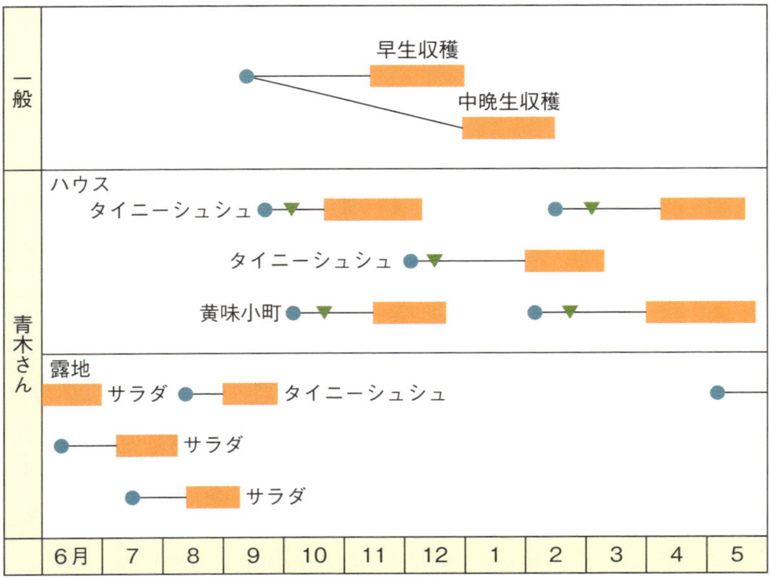

●タネまき、▼植えつけ、■収穫

品種はハクサイなら「タイニーシュシュ」、「黄味小町」（サカタのタネ）、「晩抽プチヒリ」、「サラダ」（タキイ種苗）、キャベツなら「みさき」（サカタのタネ）、「マルシェ」（タキイ種苗）などすべて極早生か早生のミニ品種。栽培期間も40～60日と非常に短い。また一般的な中晩生系の大玉品種は5～10℃の低温に当たらないと結球しないのに対し、早生系のミニ品種は低温に当たらなくても結球するため、ハウスと露地でいろいろな品種を駆使すれば周年栽培もできる。

1　タネまき

❶ 山砂、有機物（ココナツピート）、粘土質多めの市販培土を同量混ぜて床土をつくる。アブラナ科野菜のタネは、通気性・保水性ともによくないと発芽率が低い。またタネが小さく、持っている養分が少ないので、ある程度の肥料分も持った床土が必要。ただし覆土は砂と有機物のみ。肥料分があると発芽率が下がる

❷ 128穴のセルトレイに床土を入れて水をやったら、小指で穴をあけ、人差し指と親指でタネをひねりながら1粒ずつ落としていく。濡れるのは小指だけで、人差し指と親指は乾いたままなのでタネを正確にまきやすい

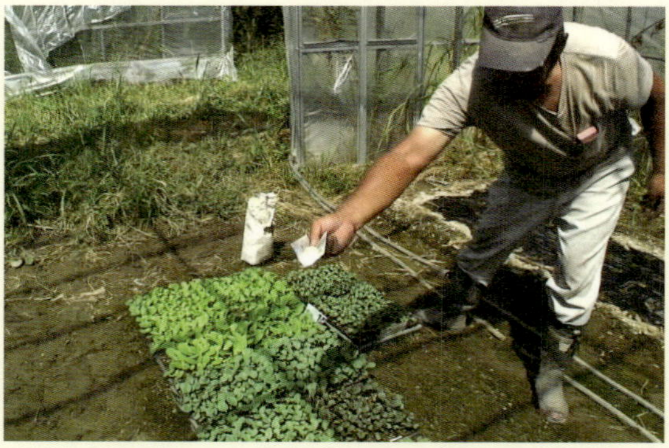

❸ 植えつけ直前、浸透移行性の殺虫剤をセルトレイの上から振りかける

2　畑の準備

❶ 5cm程度に浅く耕した畑に幅100cmのウネを立てたら水をやり、あえて雑草を発芽させる。植えつけ直前、トンボを使って表層1 ～ 2cmを薄く削ることで、発芽させた雑草をいっせいに退治する。元肥はなし。入れてもカキ殻石灰くらい

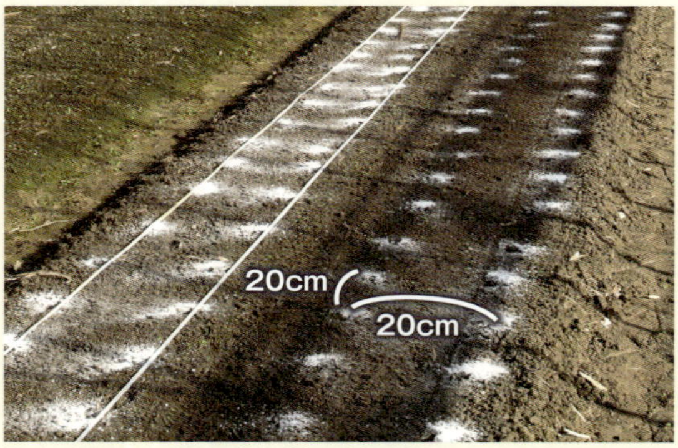

❷ 株間20 ～ 25cmの碁盤の目状に打ち粉代わりの消石灰を置き、先を尖らせた5cm角材で植え穴をあけていく

●病害虫対策

植えつけ直前が肝心

ハクサイもキャベツも、苗のときに生長点を害虫にやられたらおしまい。「一生のうち1回防除するならここっていうタイミングです」と青木さん。植えつけたあとに防除することはない。

3 植えつけ

本葉3枚程度に育った苗を植える。セルトレイから取り出した苗を植え穴にそっと置くだけ。押し付けない

4 石灰追肥＆土寄せ

1 植えつけて2週間後、消石灰を追肥する。とくにハクサイは、石灰を多くほしがる野菜。元肥に入れても足りなくなるので、生育がピークを迎える前に追肥したほうがいい

2 除草も兼ね、三角グワで表層1cmを削りながら株元に土を寄せる

5 追肥

キャベツなら本葉が6 ～ 7枚出た頃、ハクサイなら5 ～ 6枚出た頃に消石灰と尿素を1a当たり2kg追肥する。結球するために葉っぱが立ち上がってくる時期で、肥料をもっともほしがる頃だ。4株の対角線上に20gくらいずつ置いていく。どの株からも同じくらいの距離に一定量を置けるので均等に効く。尿素と石灰は混ぜるとアンモニアガスが出て葉が焼けてしまうので、必ず離してやる

●病害虫対策
農薬より石灰

尻腐れや芯腐れ、チップバーン（葉先が枯れる）などハクサイの病気と思われる症状はいろいろあるが、「すべて石灰欠乏の症状です」と青木さん。病気を防ぐには、農薬よりも石灰追肥。葉っぱの上からバサバサ振りかけるくらいしっかりやることが大事だ。

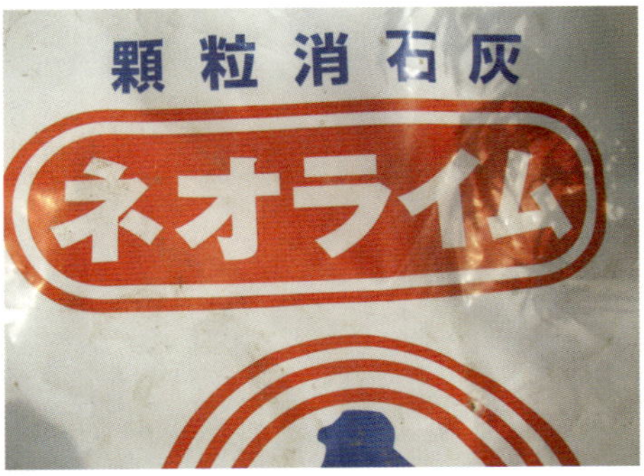

栽培の実際

6　収穫

●残渣の利用

❶ 青木さんは、収穫が終わっても耕さず、残渣もそのままにしてピーマンなどの果菜類を植えつける。地面に広がった葉っぱが雑草の発生を抑え、かつ分解されて次の作物の肥料としても効く

❷ 試しに残渣を取り除いて耕した部分は、3週間後、ビッシリと雑草に覆われてしまった

密植ができ、1a当たり普通は60本のところ70～80本植えられる

地這いじゃないから泥はねが少ない！光がよく当たるから色もきれい！

ズッキーニ 立体栽培

群馬県東吾妻町・小宮拓也さん

ズッキーニは、1株が大きく育つ。地面を覆いつくすように広がる葉っぱに実が隠れやすいので、ある日、ヘチマのように巨大になった実を発見してビックリ！というのは、よくある失敗だ。

ところが、ズッキーニ農家の小宮拓也さんは、そんな株の姿をガラリと変え、今ではほぼ失敗知らずだ。なんと、葉っぱを支柱に縛り付け、上へ上へと伸ばしていく。

立体栽培というこの仕立て方にすると、株が横に広がらない分、苗を密植できて収量が上がる。そのうえ高く伸ばしていけば長期どりもできる。

また実が高い位置にできるので、泥はねが少なく、光がよく当たるので色ムラのないキレイな実ができる。さらに風通しがいいので、病気も出にくい……とまさにいいことずくめだ。

「実が目につきやすいんで、取り残しが格段に減る。実を巨大にしちゃうと樹勢が落ちるんで、それを防げるのが一番ですね」と小宮さんは手ごたえを感じている。

裏ワザ

立体栽培で上へ上へ伸ばす

実が高い位置にできるので、強い夕立がきても泥はねが少なく、すれ傷も少ない。風通しがいいので、病気にもかかりにくい。

株際に支柱を立て、葉柄（葉の付け根）２本で抱くように縛り付けて株を立てていく。主枝でなく、葉柄を縛るのがポイント。主枝を支柱に縛り付けると、強い風に吹かれたとき、固定されない先っぽのほうだけが激しく揺さぶられて折れてしまうが、葉柄を縛っておけば、株全体が揺れるので折れにくい。

●発想の着眼点

早出し用にハウスで栽培したとき、なるたけ反収を上げたいってことで、上に立てちゃえば密植もできるし、病気にもなりづらいと思って試行錯誤し始めたんです。

●栽培カレンダーと品種

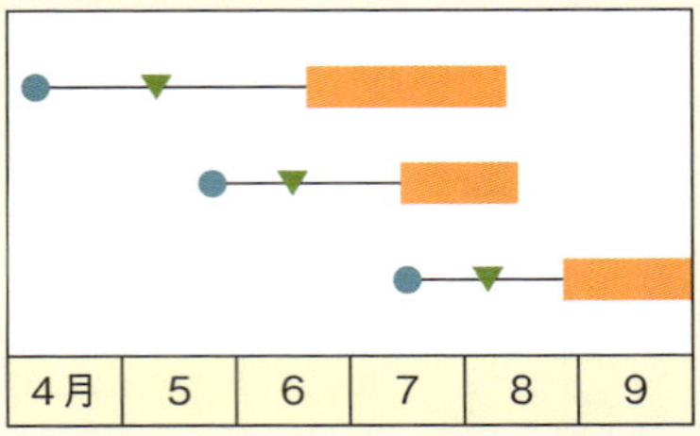

●タネまき、▼植えつけ、■収穫

露地では5月上旬から8月上旬までずらして植えつけ、6月下旬から9月まで収穫。品種は「ブラックボー」(神田育種農場)。

1 植えつけ

肥料は元肥のみ。鶏糞を1a40 ~ 50kg、化成肥料(オール14)を1a3kg入れて耕し、ウネ間150cmで黒マルチを張る。5月上旬、株間80cmで苗を植える

2 誘引

❶ 植えつけ後しばらくは自立して育つが、やがて倒れてくる。その前に株元から20 ~ 30cm離して支柱を立て、主枝を起こすようにして葉柄2本を持つ

❷ 葉柄2本で支柱を抱くように寄せる

❸ ヒモで支柱に縛る

腰に荷造りヒモ（約50cm）をくくり付けて常に持ち歩き、収穫の合間や空いた時間に気づいたらサッと縛って株が倒れないようにしてやる。だいたい2週間に3回は縛る。遅れると、修正するのが大変になる

縛り方のコツ

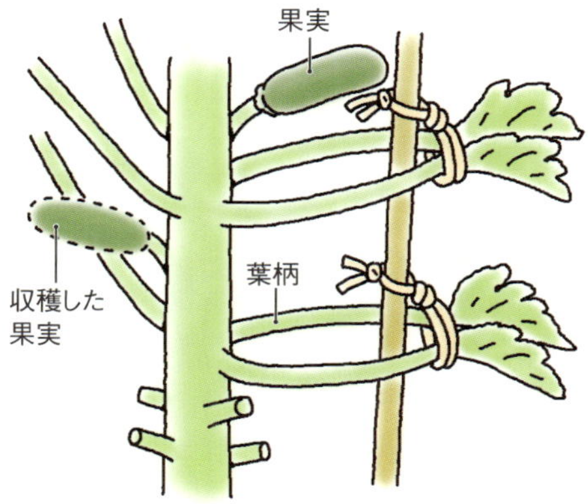

ヒモを葉柄に2回ゆったり巻き付け、支柱に縛る前に1回ひねるのがコツ。葉柄をきつく縛ると、傷んで葉っぱが枯れてしまう

●病害虫対策

風通しがいいので病害虫は出にくい。たとえ出ても、たくさんズッキーニを育てている小宮さんは病気の株は抜いて、農薬は使わない。ただし収穫のときに病気を広げてしまわないよう、収穫バサミは常にケミクロンG（塩素）で消毒しておく。

3 収穫

❶ 大きくなった実を随時収穫していく。傷も色ムラもないキレイな実で、ほぼA品

❷ 花ズッキーニ（花付きの幼果）も、天ぷらや肉詰めにするとおいしい。東京のレストランに頼まれて収穫している

ハクサイやキャベツの結球

これは、100ページの青木恒男さんのミニキャベツ。結球のコツは葉が立ち上がる頃に追肥を効かせることだという。

そもそも結球とはどういうしくみで起こるのだろうか。

結球野菜の多くは、茎がほとんど伸びずに外葉が何枚も重なるようにできると、中心の新しい葉は立ち上がる。すると、光は葉の裏側に当たるようになり、葉の裏側と表側のホルモンに違いが出るので葉が内側に巻き始める。この現象が連続することで結球が進む。このとき、外葉でつくられた養分が内側の葉に送られるので、外葉が大きく育つほど大きい球ができる。だから葉が立ち上がる頃、すなわち結球が始まる頃に外葉を大きくするための追肥が大切なのだ。

青木さんの追肥の時期は、キャベツなら本葉が6～7枚出た頃、ハクサイなら5～6枚出た頃とのことだが、この目安は品種によって変わる。早生種ほど結球葉数は少なく、葉が厚く重くなり（葉重型）、中晩生種ほど結球葉数は多く、日数がかかるようになる（葉数型）。青木さんがつくるミニの極早生品種は少ない葉数で結球を始めるので、早めの追肥がコツということのようだ。

第6章 葉かき・わき芽収穫

●収穫を長く楽しみたい!

ハクサイ　わき芽どり

富山県黒部市・池村やす子さん

一見、トウ立ちして失敗したハクサイ畑のようだが…… ＊

ハクサイの特性

冬を感じて花芽ができ、春を感じてトウが立つ

ハクサイは、5 ～ 7℃の低温に一定期間当たって冬を感じると花芽が分化し、その後、気温が上がり、日が長くなって春を感じると、トウが立って菜の花を咲かせる。
結球した玉でとるには、花芽が分化する前にある程度葉っぱの数を増やさないと大きな玉ができない。「タネまき時期が遅れるのは厳禁」とよくいわれるのはそのためだ。
でも、トウ立ちしたわき芽をとるなら、むしろタネまき時期を遅らせ、結球させずに春を迎えてわき芽がどんどん伸びるようにしてやったほうが、たくさんとれることになる。

1袋140円の「はくさい菜」。多いときは1日50袋を完売

池村やす子さんのハクサイ畑を見ると、ニョキニョキとトウが立っている。ちょっと畑をやったことがある人なら、「あぁ、植えるの遅れて玉ができなかったんだなぁ」と気の毒に思うかもしれない。でも、池村さんに言わせれば、これこそが稼げるハクサイ畑。トウ立ちして伸びてきたわき芽をせっせと摘み、「はくさい菜」と名付けて売っている。これが直売所でも大人気だ。

このわき芽は、まだ野菜の少ない春先にとれ、歯ごたえシャキシャキでクセがなく、お浸し、和え物、炒め物……とどんな料理にも合う。同じ時期にできるナバナよりおいしい。値段を20～30円高くしても飛ぶように売れるという。

しかも、わき芽は次々出てくる。3月下旬から5月にかけて毎日とれるので、「1株からいくら稼げるかわからない」。大玉を育てて1回で売るよりも、よっぽど得することになるわけだ。わき芽収穫の発見以来、池村さんは「農業が楽しくて仕方ない」。

（＊以外すべて　撮影：依田賢吾）

裏ワザ

わき芽を伸ばして何度もとる

収穫するのは、トウ立ちしたわき芽。ハクサイは結球してもしなくてもいい。苗を秋に植えつけ、冬に結球した場合は玉を収穫したあとの切り株を、結球しない場合は株をそのまま畑に残しておき、春になったら次々伸びてくるわき芽を摘む。

●発想の着眼点

冬にハクサイを収穫して、切り株をそのまま放っておいたら、春になってわき芽がいっぱい出てきたの。食べてみると、アクもないしクセもない。どんな料理にも合う。こんないいもの、売らない手はないと思って。

ハクサイは、葉っぱ1枚1枚の付け根からわき芽が伸びてくる。結球した玉を切ったあとでも、下葉の付け根にわき芽がたくさん出る

結球したが、小玉なので収穫しなかった株。冬の寒さで枯れてしまったが、中は青々。これもトウ立ちしてきたら収穫できる

結球しなかった株は、まず真ん中に大きなつぼみがトウ立ちし、わき芽も次々伸びてくる。結球した玉を収穫した株は、切り口の下から出たわき芽が伸びてくる

●栽培カレンダーと品種

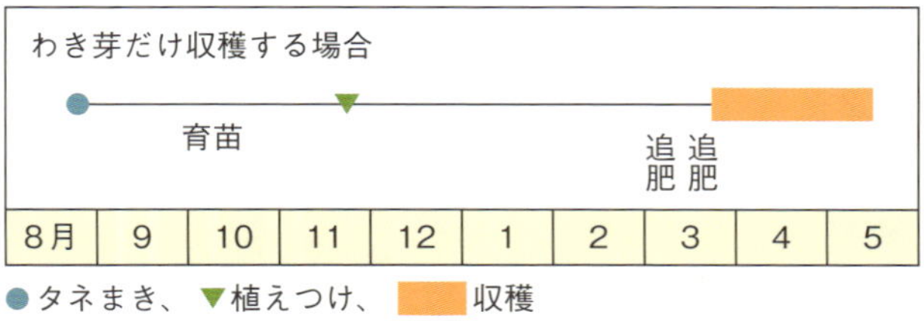

池村さんは8月下旬からタネをまき、結球させる場合は9月に植えつける。わき芽だけ収穫する場合は11月下旬に遅植えする。結球した玉は冬に収穫し、しないものはそのまま畑において冬を越し、3月下旬からトウ立ちしてくるわき芽を収穫する。
品種は「豊秋85日」（トーホク）。

栽培の実際

1 畑の準備〜植えつけ

約1m幅のウネにまんべんなく広がるように硝化燐安（13−13−13）をまき、高さ20 〜 30cmのウネを立てて黒マルチを張る。わき芽をたくさんとりたいなら11月下旬の遅植えがオススメ。結球しない分、春先には大きな株ができ、太いわき芽がたくさん出てくる。株間35 〜 40cmで2条植えする＊

2 追肥

わき芽収穫直前とその10日後の2回、株元に追肥する。硝化燐安（13−13−13）を株の両側にひとつまみずつ置き、軽く土と混ぜてやる＊

3 収穫

❶ 春先、次々伸びてくるトウを花が咲く前に収穫。長さ25cmくらいの指で折れるところで摘んでいく

❷ 追肥が効いて勢いのある株からは、太くてやわらかいわき芽が次々に出る。追肥なしだと左のように細くて硬いわき芽になってしまう

●病害虫対策

わき芽収穫のため11月下旬に遅植えする作型なら、寒くて虫もいないので無農薬でも問題ない。

キャベツもわき芽どり

青森県弘前市・成田元春さん

「キャベツを年中食べよう」。若い頃から胃腸の調子がよくなかった成田元春さんはそう思い立ち、寒い弘前でもキャベツが年中とれる栽培方法を考えてきた。

そして編み出したのが、わき芽どりだ。5月、前年秋に苗を植えたキャベツを収穫しても、株は片付けない。それどころか肥料をやる。すると、収穫した切り株からわき芽が伸びてきて大きく育ち、2カ月後には最初の収穫とほとんど同じサイズの大きなキャベツがまた収穫できる。

2回目の収穫後も、株は片付けない。追肥をやってわき芽を育て、2カ月後に3回目を収穫する。つまり、5月、7月、9月と同じ株から2カ月ごとに3回とれる。

「これはいいですよ。絶対。タネから苗育てて植えるよりずっと早くとれる。みんなにしゃべると『本当にできるの？』って聞かれるけど、本当だからね」と力説する成田さん。あわよくば3回目の収穫後に出るわき芽をとって苗床に移し、翌年用の苗にできないか……と目論んでいる。

（撮影：依田賢吾）

裏ワザ　収穫後のわき芽を育てて3回とる

これが収穫後の切り口の下から出たわき芽。追肥をやり、芽かきをして勢いのいいわき芽だけ残してやると大きく育ち、1回目の収穫と遜色ないキャベツが収穫できる。2回目の収穫後も同様にしてわき芽を育て、3回収穫する。

●発想の着眼点

収穫したあとの株をたまたま畑に残しておいたら、わき芽がいっぱい出てきたんだよ。まさかと思って芽かきをしたら、普通にとれちゃって。欲張って、そのあともわき芽を育ててみたら少し小さめだけど3回とれた。こりゃいいなと思って。

●栽培カレンダーと品種

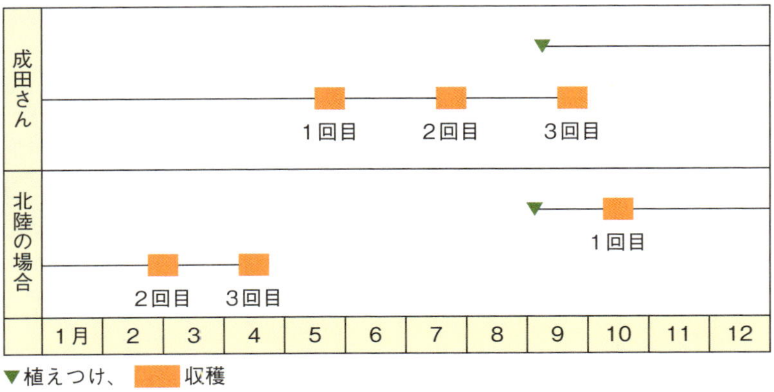

9月上旬に植えつけ、翌春5月に1回目の収穫。株をそのまま残してわき芽を育て、7月に2回目、9月に3回目を収穫する。品種は極早生の「金系201号」。晩抽性というトウ立ちしにくい性質のキャベツ。

3 追肥

収穫2～3日後、尿素を溶かした液肥（水20ℓに対して尿素200g程度）を1株に柄杓半分くらいずつ追肥する。その後、暑い日が続いて乾くようならときどき水やりもする

●病害虫対策 防虫ネットで覆う

キャベツは虫にやられやすい。「とくにこわいのはコナガ」と成田さん。でも、苗を植えつけたときから防虫ネットで覆い、収穫後のわき芽もネットで覆ってやれば、無農薬でもつくれるという。

1 収穫1回目

① 9月上旬に植えつけたキャベツから1回目の収穫

② 株元を見ると、葉の付け根にわき芽が出始めているのがわかる

2 下葉整理

元気なわき芽を育てるため、元気な下葉を1～2枚だけ残して整理する

4 芽かき

❶ 収穫2週間後、無数に出てきたわき芽

❷ 上のほうの勢いがいいわき芽を2つ（矢印）残し、あとは摘んでしまう。キャベツの体力の消耗を避けるため、わき芽があまり大きくならないうちに芽かきしたほうがいい

❸ 2つとも無事にある程度育ったら、大きなほうを残して最終的に1つの芽にしぼる

5 収穫2回目

わき芽は目に見えて
大きくなるので、
やりがいありますよ

❶ 1回目の収穫から2カ月後に2回目の収穫

3回目
2回目
1回目

❷ 2回目の収穫が終わった跡。追肥と芽かきで大きなわき芽を育て、3回目も収穫

株ごと掘り取らないで、
葉っぱだけとれば
長くとれます

パクチー

自家採種＆葉かき収穫

新潟県上越市・山岸マサ子さん

＊

●発想の着眼点
はじめは株ごと収穫していましたが、スーパーで葉だけ袋詰めされているのを見て、真似してみました。

パクチーは香りが独特で好きな人には爽やかで食欲をかき立てられるといわれるが、嫌いな人にはカメムシのようなニオイだといやがられる。ここ数年で人気が急上昇しているのは確かで、スーパーで買うと、小袋に数株しか入っていないのに結構な値段がする。「変わり野菜」をつくる山岸マサ子さんも、そんな状況に目をつけてパクチー栽培を始めた。

じつはパクチーは、つくるのは簡単。独特の香りのおかげか虫もつきにくいので、防除なしでも普通につくれる。ただお店で小袋売りされているような姿で株ごと根こそぎ収穫すると、相当タネをまかないとすぐなくなってしまう。でも、タネは買うと結構高い。

そこで山岸さんは、株ごと根こそぎ掘り取らず、伸びてくる葉っぱだけかいて収穫する。葉っぱだけなら、1株から長くとれる。

さらにトウ立ちしたらそのまま花を咲かせ、タネも自家採種する。これで思う存分にまいて、長くとり続けることができる。

（＊以外すべて 撮影：依田賢吾）

裏ワザ　自家採種と葉かき収穫で長くたくさんとる

収穫は株ごと掘り取らず、伸びてきた葉っぱだけハサミで摘む。トウが立つまで何度でもとれる

パクチーの花。霜が降る前に露地でまだ小さかった株をハウスのプランターへ移植して越冬させる。春、気温が上がるとまた生長し始めるので、少し葉かき収穫し、やがてトウが立ってきたらそのまま花を咲かせてタネをとる。タネは鈴なりでたくさんでき、乾燥させるだけで簡単にとれる。

●栽培カレンダーと品種

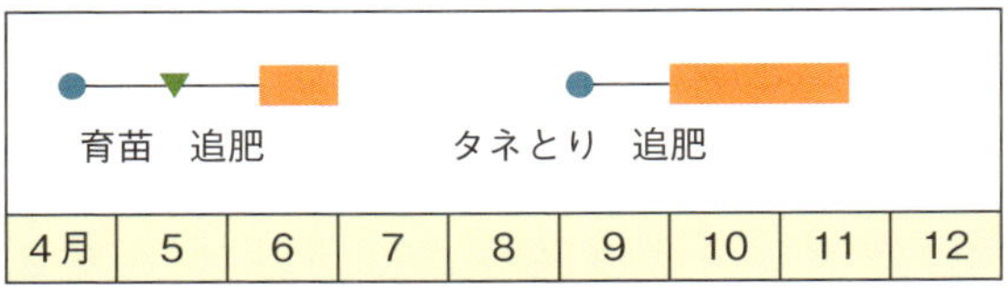

●タネまき、▼植えつけ、■収穫

最初は4月中旬にタネまきして苗を育て、5月中旬に植えつけ、6月から収穫する。以降、1 ～ 2カ月間隔でずらしてまくと連続してとれる。2回目以降は直まきでいい。ただし夏の暑さに弱いので7 ～ 8月の収穫は休む。秋は霜が降りるまでとれる。

1 タネの準備

❶ タネは自家採種したものを使用。たくさんとれるが、市販のタネと比べると発芽率がいまひとつ*

❷ まく前にコンクリートブロックにタネを置き、板切れなどで押し付けて硬い殻を割ってやると発芽率がよくなる*

2 元肥・タネまき・かん水

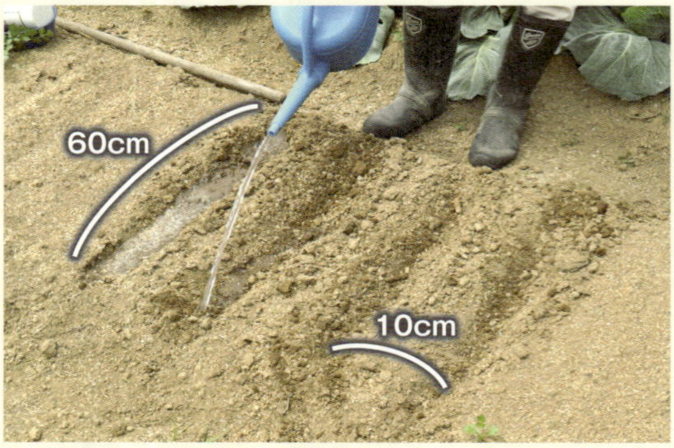

❶ 元肥に消石灰と野菜用化成肥料（10−16−12）をまんべんなく（1a当たり16 ～ 18kg）まいて耕してから約60cm幅のウネを立て、約10cm間隔で軽く溝を掘る。ハス口をはずしたジョウロで水をやってから溝にタネをスジまきして覆土。10日くらいで発芽する*

❷ 以降、晴天が続いてあまり乾くようなら水をやる。まもなく収穫が始まる頃、雨降り前に尿素を全体にパラパラと追肥してやると葉が勢いよく伸びてくる*

パクチーの特性

タネは果実

丸い粒そのものがタネと思われがちだが、じつは植物学上は果実。硬い殻を割ると、中にタネが2つ入っている。粒が割れているものは、芽が出やすい。

春は育苗で早どり

パクチーは普通直まきで育てるが、山岸さんは春に早く収穫するためにハウスで苗もつくる。200穴のセルトレイに2粒ずつまけば、自家採種のタネでもわりと生え揃う。発芽後は直根が伸びてくるので本葉3 ～ 4枚の若苗で定植する。

*

*

3 収穫

葉かき収穫！

葉っぱが15 ～ 20cm伸びたらハサミで摘んで葉かき収穫。以降、伸びてきた葉をそのつど収穫していく

4 株の掘り取り

① 11月下旬、霜が降る前に小さな株を掘り取ってハウスのプランターへ移植

② タネとり用の株として越冬させる*

サラダセット

密植&葉かき収穫

秋田県大潟村・古谷せつさん

●**発想の着眼点**

チコリーなどの西洋野菜は、レストランのシェフには好評なんですが、直売所では単独だとなかなか売れません。どうしたら売れるか試行錯誤して、ベビーリーフでいろんな野菜と組み合わせてそのまま食べられるサラダセットにすれば売れるとわかったんです。

古谷さんのサラダセット

色とりどりの畑を
そのまま食卓に

本日のセットの中身は？

ある日のサラダセットの中身。このほかにも、コマツナやタアサイなど、一般的には調理して食べる野菜であってもベビーリーフで収穫して入れる

秋田県大潟村といえば、広大な田んぼが広がる日本でも指折りの大稲作地帯。そんな中で古谷せつさんは野菜を専門につくり、もっぱら直売所に出荷している。看板商品は、色とりどりの野菜を詰め込んだサラダセットだ。

レタス類をベースにカラシナやルッコラ、チコリーなど珍しい西洋野菜もいろいろ入ったサラダセットは、見た目が華やかなだけでなく、苦みや辛みなど奥深い味が楽しめる。器にそのまま盛れば食べられる手軽さもあいまって大好評だ。

中身はいつも決まっているわけではなく、そのとき畑でとれる野菜を組み合わせて1年中売り続ける。だから畑にはさまざまな野菜を隙間なく密植している。

それでも「いくらあっても畑が足りない」という古谷さん。レタスだろうがルッコラだろうが、1株丸ごと収穫する野菜はほとんどない。どれも一口サイズのベビーリーフ状態で葉かき収穫し、何カ月もとり続けるのだ。

ベビーリーフで葉かき収穫すれば、たいていの野菜はサラダセットに入れられる。色とりどりの畑の魅力が丸ごと詰まったセットになる。

裏ワザ 1 隙間なく密植して切れ目なく収穫

「隙間は嫌いですね」という古谷さん。1本のウネに種類も大きさもさまざまな野菜をところ狭しと密植している。ベビーリーフのサラダセットにするなら、どんな野菜でも一口サイズの葉っぱになったら収穫できるし、種類が混ざるのはかえって都合がいいのだ。トウ立ちした野菜を片付けたりして空いた穴には、すかさず次の苗を植えつける。隙間はどんどん埋めて切れ目なく収穫していく。

裏ワザ 2 葉かき収穫なら、1株から長くとれる

右の写真は、植えたばかりの苗にも見えるサニーレタスだが、株元を見ると葉っぱを切ったあとが幾重にも見える。じつはこれ、半年も収穫し続けている株だ。ベビーリーフで葉かき収穫していると株はなかなか大きくならず、いつまでも収穫し続けられる。長期どりできる小さな株を密植することで、毎日たくさんのサラダセットをつくり続けられるというわけだ。

栽培の実際

1 育苗

古谷さんは毎月何かしらのタネをまき、育苗ハウスには常に苗があるようにしている。
タネは緑や赤のレタス類を中心に苦みのあるチコリーや辛みのあるカラシナ、ゴマの香りのするルッコラなどなど。味や色、食感が多彩になりそうな野菜をタネ屋さんやインターネットで目についたら買っておき、タネ袋の裏に書かれたつくり方を参考に、まく時期を決める

2 植えつけ

隙間ができ次第、条間も株間も15cmで苗を密植する。1本のウネにさまざまな野菜が植わることになるが、問題なし

3 追肥

隙間に次々と苗を植えていくため、肥料は追肥でやる。葉の伸びが遅いところがあったらジョウロで液肥をかけてやり、肥焼けしないように続けて水もかけてやる

4 収穫

一口サイズになった葉っぱをハサミで摘んで収穫。葉っぱの色や形、味が多彩になるように収穫しながら混ぜていく

●病害虫対策

種類も大きさもさまざまな野菜が畑に植わっていると、野菜ごとに使えるものが決められている農薬を使い分けるのは難しい。しかし、もともと虫がつきにくいレタス類を中心にいろいろな野菜を混植していると、病害虫が大発生することはほとんどない。
それでも病害虫が出てどうしても困ったときは、発生したところだけをねらってジョウロで農薬をかける。ジョウロなら、周りの野菜に飛び散らずに防除できる。

＊本書は『別冊現代農業』2018年4月号を単行本化したものです。

撮　影
●依田賢吾
●赤松富仁

編集協力
●依田賢吾

農家が教える
野菜づくりのコツと裏ワザ
とんがり下まき、踏んづけ植え、逆さ植え、
ジャガ芽挿し、L字仕立てなど

2018年8月1日　第1刷発行
2024年12月15日　第10刷発行

編　者　一般社団法人　農山漁村文化協会

発行所　一般社団法人　農山漁村文化協会
〒335-0022　埼玉県戸田市上戸田2-2-2
電話　048(233)9351(営業)　048(233)9355(編集)
FAX　048(299)2812　振替　00120-3-144478
URL　https://www.ruralnet.or.jp/

ISBN978-4-540-18145-0
〈検印廃止〉

DTP制作／(株)農文協プロダクション
印刷・製本／TOPPANクロレ(株)
定価はカバーに表示
乱丁・落丁本はお取り替えいたします。